dtv

»Ich habe keine Angst vor dem Sterben - ich möchte bloß nicht dabei sein, wenn es passiert«, meint Woody Allen und spricht damit vielen aus der Seele. Über den Tod will keiner reden, der Gedanke an ihn wird lieber verdrängt. Was wiederum für den Markt, so der Journalist Herbert Riehl-Heyse, die »wichtigste aller Fertigkeiten« bedeutet. Kein Wunder, denn damit ist viel Geld zu machen. Die Beauty-Industrie verdient daran, dass sie den Menschen einredet, mit den Spuren des Älterwerdens sei auch der Gedanke an den Tod zu beseitigen. Doch irgendwann stellt sich jedem die Frage: »Was hat das Ganze denn für einen Sinn?« Und allen Verdrängungsmechanismen zum Trotz wächst ein Bedürfnis nach Metaphysik und Transzendenz, denn ohne sie ist unser Dasein hohl. »Lebensqualität«, so die Autoren, »entsteht gerade in der Auseinandersetzung mit dem Tod.«

Eva Gesine Baur studierte Kunstgeschichte, Germanistik, Musikwissenschaften und Psychologie. Sie arbeitet als Journalistin, Buchautorin und Kolumnistin in München und hat viele Bücher und Beiträge zu psychologischen und kulturhistorischen Themen verfasst.
Wilhelm Schmid-Bode wurde u. a. am Max-Planck-Institut für Psychiatrie ausgebildet. Er ist als Facharzt für Psychosomatische Medizin und Psychotherapie in München niedergelassen, veranstaltet Seminare und schreibt Bücher, zuletzt ›Vier Stresstypen und vier Wege zur Gelassenheit‹ (2004).

Eva Gesine Baur
Wilhelm Schmid-Bode

Wie der Tod keine Angst macht

Deutscher Taschenbuch Verlag

Von Eva Gesine Baur ist im
Deutschen Taschenbuch Verlag erschienen:
Der Luxus des einfachen Lebens (36155)

Ungekürzte Ausgabe
November 2005
Deutscher Taschenbuch Verlag GmbH & Co. KG, München
www.dtv.de

Unter dem Titel: Und danach? Wie der Tod keine Angst macht
Umschlagkonzept: Balk & Brumshagen
Umschlagfoto: © Bettina Wengenmeier unter Verwendung eines
Fotos von © gettyimages / RJW
Satz: UMP Utesch Media Processing GmbH, Hamburg
Druck und Bindung: Druckerei C. H. Beck, Nördlingen
Printed in Germany · ISBN 3-423-34257-9

Inhalt

Fit for death
Wozu dieses Buch? 11

Aber ich bin die Ausnahme
Warum haben wir solche Angst vor dem Tod? 18

Was ich nicht weiß, macht mich heiß
Was sagt die Wissenschaft zu den letzten Dingen? 22

Ich weiß, wer am Erdbeben schuld ist
Wie geht glauben? 29

Es macht Arbeit, doch die Karriere ist göttlich
Was lässt sich für das Leben im Jenseits tun? 35

Bitte mit Gebrauchsanweisung
Was macht Offenbarungen so beliebt? 44

Kommt mir irgendwie bekannt vor
Was macht eine Religion überzeugend? 48

Er ist ein Schnösel, aber himmlisch
Wie sind Propheten gebaut? 52

Furcht is jut (Konrad Adenauer)
Warum ist das Weltgericht bei der Kirche so beliebt? 59

Klar habe ich eine, wo, weiß ich nicht
Was ist eigentlich die Seele? 63

Fürs Klonen braucht's doch keine Seele
Warum im Labor keine Organe wachsen 71

Ich war mal was Besonderes
Lässt sich Reinkarnation beweisen? 79

Wo sollen die denn alle herkommen!
Weshalb so viele an der Wiedergeburt zweifeln 94

Der hat doch längst den Überblick verloren
Wie können wir an einen ungerechten Gott glauben? 100

Ich habe doch jeden Tag gebetet!
Wer ist denn für das ganze Übel verantwortlich? 107

Alles hinschmeißen – das geht doch nicht!
Wie wir aussteigen, ohne aufzufallen 113

Dass Gott sich zeigt – davon merk' ich nichts
Warum wir Transzendenz täglich erleben könnten 122

Red nicht vom Tod - das macht mich total depressiv
Was es bringt, oft an die Endlichkeit zu denken 131

Gemüseputzen - was soll daran erhellend sein!
Warum Genießen mit Transzendenz zu tun hat 138

Wer liest denn schon Gedichte, wenn's Talkshows gibt
Wie weniger mehr wird 147

Sagt sich so leicht - einfach loslassen
Was die Angst vor dem Absprung nimmt 154

Für diesen Triumph gäbe ich alles
Was es heißt, seine Seele zu verkaufen 162

Inoperabler Krebs?
Mein Urlaub ist doch schon gebucht!
Warum der Tod nicht panisch machen muss 166

Ich will doch nicht auf alles verzichten!
Wie wir das richtige Maß finden 177

Religion? Ist was für Angsthasen
Wie es Sinn macht zu glauben 187

Ich kann's ja mal versuchen
Wie altes, fernes Wissen nah wird 194

Bibliographie (Auswahl) 203

»Das Fatale am Paradies ist,
dass man es nur im Leichenwagen erreichen kann.«
Sacha Guitry

Wozu dieses Buch?

Die meisten Menschen heute fürchten sich anscheinend nicht mehr vor dem Tod. Wie sonst ließe sich das Handy-Telefonieren rasender Autofahrer erklären, der hemmungslose Nikotinkonsum, das Anfressen eines monströsen Übergewichts, die Leidenschaft für Extremsportarten mit garantiertem Risiko. Das klingt doch ganz danach, als wären sie jederzeit bereit, zu gehen.

Auf das Thema Lebensende angesprochen aber verraten dieselben Menschen, dass sie eine gute Altersversorgung haben und auch ihr Eigenheim erst abgezahlt sein wird, wenn sie 63 sind.

»Ich habe keine Angst vor dem Sterben«, hat Woody Allen gesagt. »Ich möchte bloß nicht dabei sein, wenn es passiert.« Damit erfasst er die derzeit populäre Einstellung. Tod ist etwas, was die anderen trifft. Über den eigenen denken die meisten ungern nach oder am liebsten gar nicht. ›Nach mir die Sintflut‹, heißt der Leitgedanke vieler Erfolgreicher in so genannten verantwortlichen Positionen. Anders lässt sich kaum das Verhalten von Spitzenmanagern verstehen, die das von ihnen ruinierte Unternehmen verlassen, ihre Abfindungen in zweistelliger Millionenhöhe ins Trockene bringen und ungerührt zusehen, wie hinter ihnen die Sintflut Tausende von Arbeitsplätzen wegschwemmt. Solche Führungskräfte denken an vieles, aber bestimmt nicht an ihr eigenes Ende, denn sonst wäre es ihnen wichtiger, verantwort-

lich zu handeln, als die kurze Wollust am eigenen Profit auszukosten - sie planen, als würden sie ewig leben.
Doch zugleich stellen Menschen überall auf der Welt sich und anderen erschöpft die Frage: »Und wozu das alles?« Es gibt ja jede Menge Bücher zu diesem Thema. In jedem Ein-Stern-Hotel liegt eine Bibel auf dem Nachttisch, in jeder Kleinstadt gibt es einen Buchladen mit esoterischer Literatur über den Sinn des Lebens, jeder Dorfbewohner kann über das Internet Bücher bestellen, die Antworten auf diese Fragen versprechen. Die Ratlosigkeit aber ist damit offensichtlich nicht zu beheben. Und sie scheint sich auszubreiten wie ein neuer Grippevirus, gegen den man sich derzeit noch nicht impfen lassen kann.
Als Ursache dieser allgemeinen Verunsicherung werden gerne die Ereignisse vom 11. September 2001 genannt. Es sieht bei näherer Betrachtung jedoch so aus, als sei der Einsturz des World Trade Center eigentlich nur eine Illustration dessen, was uns schon eine ganze Weile Angst macht: Unterschwellig wissen wir bereits länger, wie verwundbar unser materialistisches Weltgebäude ist. Wir ahnen, dass seine Konstruktion höchst instabil ist, denn sie ist errichtet auf dem Glauben an stetes Wachstum und Vermögenswerte, und der ist leicht zu erschüttern von Menschen, die an größere Werte glauben. Genau das verursacht uns schon seit einiger Zeit ein Frösteln in der Seele - zumal uns die Trendpropheten neben der bedrohlichen Erderwärmung eine tröstliche mentale Erwärmung vorhergesagt hatten, ob die sich nun in der Astrologensprache Wassermannzeitalter nennt oder einfach als Ära zunehmender Spiritualität umschrieben wird.

Der Spiritus aber blieb ein Flaschengeist - der Alkoholkonsum ist gestiegen, nicht aber der von philosophischer oder religiöser Literatur. In Situationen der Bedrohung oder auch nur der Verunsicherung greifen wir lieber zu den Vorhersagen des Nostradamus als zu Jaspers' Werk über ›Die Chiffren der Transzendenz‹, führen uns lieber wabernde Weissagungen zu Gemüte, als uns mit klarem Gedankengut über die Zukunft, die des Menschengeschlechts und die der einzelnen Seele, zu beschäftigen.
Handfeste Beweise für die wachsende Sehnsucht nach dem Metaphysischen - das heißt wörtlich: nach dem, was hinter der Natur steht - sind in vielen Wohnungen zu finden. Engel in jedem Format und Material sind Verkaufsrenner und Bücher über Engel erst recht. Umfragen zufolge glauben drei Viertel der Deutschen an einen Schutzengel, wie immer der auch aussehen mag. »An Engel zu glauben«, schreibt Eva Demski in einem Buch verschiedener Autoren ›Von Schutzengeln und ihren Menschen‹, »fällt mir wesentlich leichter, als zu schlucken, was die diversen Kirchen einem einreden.« Das Angenehme an so einem konfessionslos verfügbaren Schutzengel: Er ist nur für mich da. Erfolg hat, wer das Geistige, Religiöse vereinfacht und einen leicht vorstellbaren Schutz verspricht gegen die Bedrohungen und Gefährdungen. Denn je mehr die sozialen Absicherungssysteme sich als unzuverlässig erweisen, je weniger Arbeitsplätze, Renten und Lebensversicherungen garantiert werden können, desto stärker ist das Bedürfnis, sich unerschütterliche Sicherheiten und Gewissheiten zu schaffen. Nur kann es die leider nicht geben. Wir haben uns, und das ist sicher ein Grund

für die Verunsicherung, in einem inneren Widerspruch verheddert: Einerseits haben wir Angst vor der Auflösung, vor der Entgrenzung, andererseits sehnen wir uns nach etwas Grenzüberschreitendem, das dem banalen Dasein Sinn gibt und das Unverstehbare einleuchtend macht.

»Können wir denn überhaupt noch glauben an einen gerechten Gott?« Das fragten viele fassungslos vor den Bildern der rauchenden Trümmer in New York. Ein amerikanischer Präsident hat selbstverständlich die Antwort zu wissen: Es gibt das Gute, das sind wir, und das Böse, das sind die anderen. Und das Gute wird mit Waffengewalt über das Böse siegen. Überleben wird in jedem Fall die Elite, die kleine Schar der Auserwählten. Solche Vorstellungen finden offenbar jede Menge Sympathien. Das beweisen die Autoren Tim La Haye und Jerry B. Jenkins mit einer Serie von einfach gestrickten christlichen Endzeitromanen, von denen in den USA bereits über 50 Millionen Exemplare verkauft wurden. Sie übertragen die Apokalypse des Johannes ins Amerika der Gegenwart, wo sie deutliche Vorzeichen für den Weltuntergang zu erkennen meinen, der immer ein schöner Gruselschocker ist. Gerettet werden zuvor natürlich die Guten. Und die Verlagsmanager setzen offenbar auf ein weiterhin wachsendes Bedürfnis nach solcher Literatur, denn der Verlag Bantam Dell hat 45 Millionen Dollar gezahlt für die Fortsetzung dieser Serie – bestätigen diese Romane vom Weltuntergang doch die unausgesprochene Überzeugung vieler, es könne so bestimmt nicht mehr lange weitergehen. Warum?

Dass individueller und kollektiver Egoismus zum Untergang unseres Planeten führen muss, ist offensichtlich. Dennoch wird der Egoismus sogar von Regierungen als das System der Vernunft propagiert und jede Form des Altruismus als eine Sentimentalität abgelehnt, die man sich nicht leisten könne: Die USA steigen aus reinem wirtschaftlichem Profitdenken für ihren Staat aus den gemeinsamen Beschlüssen zur Verringerung der Treibhausgase aus, die Weltklimakonferenz wird zu einer Demonstration der Verantwortungslosigkeit. Das, was der Philosoph Hans Jonas in den 1980er Jahren forderte - sich dem Prinzip Verantwortung zu stellen -, ist weitgehend vergessen. Dabei ist die Quintessenz von Jonas' umfangreichem Werk einfach und überzeugend. Verantwortung übernehmen, sagt er, bedeute nur, etwas für sich als heilig anzuerkennen. Und heilig heiße schlicht: unantastbar, höher, größer, wichtiger als ich, als mein eigenes Dasein. Klarer lässt sich die Grundlage von Metaphysik nicht formulieren. Und klarer lässt sich auch nicht sagen, dass Metaphysik eine Notwendigkeit ist, eine Überlebensnotwendigkeit. Sie ist nicht das ethische Sahnehäubchen, mit dem wir in Zeiten der Langeweile oder des Überdrusses unser Dasein aufpeppen. Sie ist vielmehr so unverzichtbar wie das Wasser zum Leben. Denn ohne sie finden wir keine Antwort auf die Fragen, die jeden Menschen umtreiben, sobald er sein Unterhaltungsprogramm kurz abstellt: Warum gibt es so viel Übel in der Welt und so viel Leid, und warum kennt der Tod keine Gerechtigkeit? Was hat das Leben für einen Sinn angesichts des Todes? Und was hat der Tod für einen Sinn? Entsteht der Sinn des Lebens daraus, dass wir an ein Leben nach dem Tod glauben?

Können wir denn im 21. Jahrhundert als moderne

Menschen noch religiös sein und an eine Gottheit glauben, die allmächtig, allwissend ist, die diese Welt geschaffen hat und das Gute will?

Gerade angesichts der aktuellen Theorien von Astrophysikern und Kosmologen zweifeln viele daran, dass Religion in irgendeiner Form zeitgemäß sei. Doch der berühmteste Physiker des 20. Jahrhunderts, Albert Einstein, hat dafür bereits eine Rechtfertigung geliefert. »Welches ist der Sinn unseres Lebens, welches der Sinn des Lebens aller Lebewesen überhaupt? Eine Antwort auf diese Frage wissen, heißt religiös sein. Du fragst: Hat es denn überhaupt einen Sinn, diese Frage zu stellen? Ich antworte: Wer sein eigenes Leben und das seiner Mitmenschen als sinnlos empfindet, der ist nicht nur unglücklich, der ist kaum lebensfähig.«

Fragt sich nur, wie wir dazu kommen, eine Antwort zu w i s s e n.

Religionsstifter haben das schon immer für sich beansprucht. Und zwar jeder ausschließlich für sich. Aber dass die monotheistischen Religionen, die sich auf eine direkte göttliche Offenbarung berufen, einander bis heute blutig bekämpfen, erlaubt gewisse Zweifel an ihren angeblich einzig wahren Lösungen. Die Zweifel können allerdings nichts an unserem Bedürfnis nach einem höheren Sinn, nach Metaphysik und Transzendenz ändern. Dass wir glauben wollen, ist eine psychologische Notwendigkeit. Leider hat jedoch dieses urmenschliche, weltumspannende Bedürfnis auch von jeher Menschen dazu verleitet, die Glaubensbereitschaft ihrer Mitmenschen zu missbrauchen. Das ist nun einmal eine durchaus übliche, allzu menschliche Neigung, denn es lassen sich damit ausgezeichnete Ge-

schäfte machen und Machtpositionen erringen. Das Muster ist wunderbar einfach: Je schwärzer der Tod des Ungläubigen gemalt wird, desto leichter sind die Gläubigen einzuschüchtern.
Dieses Buch hingegen möchte zeigen, dass die Beschäftigung mit dem Tod das Leben schöner und bewusster, sogar heiterer zu machen vermag. Dass sie Ängste lösen und beruhigen und zu Gelassenheit und Zuversicht führen kann. Gewissheiten und allgemein gültige Antworten liefert dieses Buch selbstverständlich nicht. Es will nur das Angebot aufblättern und jeden Leser dazu anregen, sich selbst seine Lösung zu suchen. Und durch diese Suche die größte aller Fragen jedes Menschen zu einer vertrauten zu machen.
»Wir alle«, hat der große Arzt Albert Schweitzer gesagt, »müssen uns mit dem Tod vertraut machen, wenn wir zum Leben wahrhaft tüchtig werden wollen.«

Warum haben wir solche Angst vor dem Tod?

Ein weltberühmter Wissenschaftler ist gestorben. Und wer die Nachricht von seinem Tod erhält, weiß: An seinem Grab wird sich die geistige Prominenz zumindest seines Fachbereichs versammeln. Beliebt war er nicht, zugegeben. Trotzdem setzt sich jeder seiner Schüler und Kollegen, der meint, ihm besonders nahe gestanden zu haben, sofort hin und schreibt eine Rede. Sie alle schreiben die Nacht durch und geben sich jede erdenkliche Mühe, denn letztlich wird diese Grabrede ein Vortrag vor internationalem Fachpublikum sein.
Da kommt die zweite Nachricht: Der Verstorbene habe das Vermächtnis hinterlassen, dass bei seiner Beerdigung keinerlei Reden gehalten werden sollten.
Nun stehen sie also am offenen Grab, die Rede im Magen, und betrachten einander missgünstig. Es steht in ihren Augen, dass jeder sich so ziemlich das Gleiche denkt: Fängt da vielleicht doch noch einer an, seine Rede zu halten? Ist dieser angeblich letzte Wunsch des Verstorbenen gar nicht authentisch, sondern nur ein Trick, mit dem ein besonders gewitzter Ehrgeizling die anderen ausbooten wollte?
Nein. Nur der Pfarrer spricht. Und sagt, wie in der katholischen Kirche üblich, alle mögen nun für den Verstorbenen beten und für denjenigen, der ihm als Nächster nachfolgt. Nun sieht man die Digitalzahlen in den

Augen klappern: Wer ist der Älteste? Wer muss als Nächster dran glauben?
Und als dann beim Gottesdienst der Pfarrer wie üblich bittet, jeder solle jetzt seinem Nachbarn die Hand reichen, sich also im Gedanken an den Tod zu verbinden, da ist zu spüren, wie schwer es allen fällt.

Beerdigungen sind Veranstaltungen, bei denen wir den Gedanken an den Tod nicht mehr zu verdrängen vermögen. Doch als könnten wir den Tod bannen wie einen bösen Dämon, reden wir nur Gutes über den Toten.

In Gegenwart des alternden Ludwig XIV. *durfte nicht vom Tod gesprochen werden. Eines Sonntags entwischte einem Prediger die Feststellung: »Alle Menschen müssen sterben.«*
Er bemerkte seinen Fauxpas und sah auf dem Gesicht des Königs einen ungemütlich drohenden Ausdruck. Und setzte schnell hinzu: »Fast alle Menschen.«

Ist ein Mensch vor dem errechneten Durchschnittsalter gestorben, steht meistens auch jemand am Grab, der mit dem Schicksal hadert - mit dem eigenen natürlich. Denn hinter der Klage: »Warum musste es gerade ihn treffen!«, steht eigentlich das Selbstmitleid: »Warum ist gerade mir dieser gute Mensch geraubt worden!«
Selbst wenn ein Mensch ein biblisches Alter erreicht, fordern wir Erklärungen, warum ihn dieses Schicksal ereilt. Es werden Argumente geliefert, warum er sterben musste: Krankheit, Unfall, Seelenkummer, Alters-

schwäche. Und damit wird deutlich, dass wir den Tod als etwas Widernatürliches betrachten. Es kann nicht sein, dass es etwas gibt, wogegen die Wissenschaft machtlos ist. Doch wir haben Mittel und Wege, mit diesem erbärmlichen Defizit fertig zu werden: Wir verdrängen den Tod aus unserem Leben, solange es nur irgendwie geht. Gestorben wird in den meisten Krankenhäusern der modernen Zivilisation nicht so, dass andere es mitbekommen, sondern in einer Abstellkammer, wo Blumen- und Urinvasen stehen, vielleicht auch die Säcke mit schmutziger Bettwäsche.

Wir haben den Tod umso energischer aus unserem Alltag verdrängt, je zivilisierter und fortschrittsgläubiger wir wurden. Und finden dieses Verhalten natürlich.

»Die Menschen fürchten den Tod so, wie Kinder das Dunkel fürchten«, hat Francis Bacon gesagt. Und es ist natürlich, dass Kinder das Dunkel fürchten: Was sie nicht sehen, nicht erkennen, erscheint ihnen bedrohlich. Doch es hat den Menschen nicht genügt, sich den Tod als ungewisses Dunkel vorzustellen. Sie haben ihn personifiziert. Schon Kinder werden in der Schule und in der Kirche mit einer Vorstellung vom Tod konfrontiert, die sie erschrecken muss. Da sieht der Tod aus wie ein Skelett und hat ein Gerät in der Hand, das viele Kinder gar nicht mehr kennen. Deswegen muss ihnen erklärt werden, es handle sich bei dem Gerät um eine Sense, mit der die Menschen vom Tod umgemäht, niedergemetzelt würden.

Kein Wunder, dass spätestens dann die Lust vergeht, über den Tod nachzudenken, denn solche Bilder nehmen uns die Lebenslust: Sie stellen den Tod als gewaltsam dar, als unberechenbar und ungerecht. Ein Überfall, gegen den jedermann machtlos ist – auch diese Gleichmacherei des Todes ängstigt viele. Dass es da auf einmal keine Unterschiede mehr geben soll. Jedermann ist auf einmal wie der andere, auch wenn er viel reicher oder klüger, mächtiger oder schöner ist.

»Jedermann« heißt das Stück von Hugo von Hofmannsthal, das wie sein Vorbild, das barocke englische Mysterienspiel »Everyman«, von nichts anderem handelt als »vom Sterben des reichen Mannes«. Der Tod bricht ins Leben des Jedermann ein, in ein Fest voller Lebensgier. Vergeblich versucht Jedermann den Tod mit seinem Vermögen zu bestechen. Das Einzige, was ihm der Tod gewährt, ist ein kurzer Aufschub. Und wozu nutzt Jedermann diese Frist? Nicht etwa, um sich auf den Tod vorzubereiten, sondern um sich mit Geld und Beschwörungen einen Gefährten zu kaufen, einen Begleiter auf diesem letzten Weg. Erst als ihm seine Geliebte ebenso wie sein bester Freund diesen Dienst Hohn lachend verweigern, wird ihm klar, dass jedermann beim Sterben völlig allein ist. Und die Angst vor dem Tod ist auch die Angst vor der größten denkbaren Verlassenheit. Wer diese Angst bewältigen will, stellt sich vor, er werde erwartet. Der Tod sei ein Übergang, auf dessen anderer Seite neue Gefährten stehen – oder die alten. Genau diese Vorstellung wird von allen Religionen bedient. Das Religiöse ist ein Versuch, dieser tiefen Einsamkeitserfahrung zu begegnen.

Was sagt die Wissenschaft zu den letzten Dingen?

Er wird sehnlich erwartet an diesem 21. April. Er ist zwar erst siebenundzwanzig, aber er hat dem Rest der Menschheit ein Erlebnis voraus: Er war dort, wo sie nur den Himmel sehen. Sie hängen an den Lippen des Augenzeugen, der als erster Mensch die Erde in einer Raumkapsel umkreist hat, Jurij Aleksejewitsch Gagarin. Und triumphierend teilt er nach seiner Rückkehr mit: Er sei dort weder Gott begegnet, noch habe er das Paradies entdeckt.

Die Weltraumfahrt als Triumph der Wissenschaft über den Glauben, als Sieg des Materialismus über die Religion: Gagarin schien es im Jahr 1961 wohl so, als habe sich damit die Wissenschaft das Recht erobert, Äußerungen über die letzten Dinge zu machen. Doch sämtliche amerikanische Nachfolger Gagarins, ob sie auf dem Mond gelandet sind oder Monate in Raumstationen gelebt haben, sind keineswegs als Atheisten zurückgekehrt, sondern gläubiger als zuvor. Und die größten Physiker von Heisenberg bis Weizsäcker sind bekennende Theisten, denn die Naturwissenschaft bildet für sie keinen Gegensatz zum Glauben und schon gar keinen Ersatz. Wer also kommt auf die Idee, dort nach Antworten auf die großen Fragen zu suchen?
Auf der einen Seite wissenschaftsgläubige, oft sogar wissenschaftshörige Laien, die letztlich aber darin kei-

nen Glauben, nur einen modernen Aberglauben finden können. Der Atheist glaubt, dass es keinen Gott gibt, der Abergläubische wünscht es sich. Ihnen benachbart sind engstirnige Wissenschaftler, deren Weltbild aus Gründen des Karrieredenkens keine Metaphysik zulässt. Die Redensart, Wissen sei Macht, haben sie zu ihrem Glaubensbekenntnis erhoben. Das heißt: Sobald sie über etwas Bescheid wissen oder das zumindest meinen, haben sie das Gefühl, dieses Gebiet, dieses zu Recht ihre ›Materie‹ genannte Reich, zu beherrschen. Umgekehrt muss sie die Tatsache beunruhigen, dass es ein Feld gibt, ein riesiges, magisches, das die Menschheit bewegt und fasziniert, über das sie nichts wissen. Denn das entmachtet sie. So betrachtet ist es konsequent, dass sie jede Art von Metaphysik kategorisch ablehnen und das, was sie nicht beherrschen, worüber sie kein Wissen, also keine Macht gewinnen können, schlicht leugnen.

Doch es gibt noch einen weiteren Beweggrund, sich von der Religion ab- und der Wissenschaft zuzuwenden: die Erfahrung, dass viele der religiösen Inhalte einfach nicht glaubwürdig scheinen. Der Himmelsritt Mohammeds oder auch das Glaubensdogma der Assumptio Mariae, der leiblichen Aufnahme der Muttergottes in den Himmel: Wohin sollen sie bitte geschwebt sein? Da braucht man nicht wie Gagarin draußen im Weltraum gewesen zu sein, um Zweifel zu bekommen. Solche Behauptungen von physischen Unmöglichkeiten kommen aber in allen Religionen vor und auch in allen Mythen der Welt. Der Fehler ist, sie wörtlich und konkret zu nehmen, denn sie betreffen nicht die leibhaftige Wirklichkeit, sondern die Wirklichkeit der Seele. Und aus eben diesem Grund haben die großen Physiker keine Schwierigkeiten mit dem Glauben: sie sind es gewohnt, in Bildern, Symbolen und Metaphern zu denken. Sich für komplizierte Tatbestände Denkmodelle zu basteln, die selbstverständlich nicht mit der Realität verwechselt werden dürfen - es sind nur Hilfen, diese zu verstehen.

Ein einfaches Beispiel dafür ist das Atom-Modell von Niels Bohr, der für seine Forschungen zur Atomstruktur 1922 den Physik-Nobelpreis bekam: Er schlug vor, sich jedes Atom so vorzustellen, dass es aus einem Kern besteht, in dem die gesamte Masse enthalten ist, und aus einer Schale aus kreisenden Elektronen auf verschiedenen energetischen Niveaus. Mit diesem einfachen Modell lässt sich das Periodensystem der Elemente herleiten und immerhin vorhersagen, wie die verschiedenen Elemente chemisch miteinander reagieren. Längst haben die Physiker mit der Entdeckung atomarer Substrukturen wie zum Beispiel der Quarks sehr viel differenziertere Vorstellungen, gegenüber denen das Bohr'sche Modell grob erscheint. Dennoch bleibt es tauglich und auch richtig, weil es nur Bild ist.

Bilder, Symbole, Metaphern und Modelle stehen nur für etwas, sie sind nicht real. Was passiert, wenn sie mit Wirklichkeit verwechselt und für unumstößliche Tatsachen gehalten werden, mussten die Atomphysiker erfahren. Zum Beispiel mit dem Schicksal unseres liebsten Denkmodells - des Kausalitätsprinzips. Es behauptet, dass jedes Ereignis seine Ursache hat. Doch seit wir den Zerfall einer radioaktiven Substanz beobachten können, wissen wir, dass das Kausalitätsprinzip nicht überall gilt. Denn dort gilt nur noch der Zufall, der sich statistisch messen lässt. Wir können also die so genannte Halbwertszeit berechnen, das heißt den Zeitpunkt, an dem die Hälfte der Atome zerfallen sein wird. Aber es ist nicht möglich, den Zerfallszeitpunkt für ein bestimmtes Atom zu berechnen, weil dafür keine Ursache zu erkennen ist.

Bilder, Symbole, Metaphern und Denkmodelle behalten ihre Richtigkeit also nur dann, wenn wir sie in ihrem eigentlichen Geltungsbereich belassen. Dann sind sie überzeitlich und stimmen Jahrtausende lang. Die großen Schöpfungsmythen der Welt, aus welchem Kulturkreis sie auch immer stammen, beschreiben die Entstehung des Universums nicht zufällig in ganz ähnlichen Bildern und Symbolen - schließlich sind sie nicht erfunden, sondern gewachsen aus dem kollektiven Unbewussten, aus Grundstrukturen, aus Urformen seelischen Erlebens, die allen Menschen zu allen Zeiten gemeinsam sind. Und es ist verblüffend, wie sehr diese Mythen dem entsprechen, was die moderne wissenschaftliche Kosmologie behauptet.

In der Genesis heißt es: »Im Anfang war das Wort.« Wort meint Logos, Sinn, ein spirituelles Prinzip, woraus der materielle Kosmos hervorgeht. In der griechischen Antike ist die Rede vom Eros, der als geistige, treibende Kraft zu einer Ordnung des Chaos führt. Die das All verbindet und eint und so die Entstehung der Welt einleitet. Wie ähnlich sind diese Vorstellungen der Hypothese vom Urknall, wo eine gigantische Energie freigesetzt wird, aus der sofort die gesamte existierende Materie im Weltall wird. Wie in den Mythen heißt die aufregende Einsicht: Stoff entsteht aus Nicht-Stofflichem. Geist kann Materie gebären. Die Ähnlichkeit ist vielleicht gar nicht so erstaunlich, denn es könnte ja sein, dass auch die vermeintlich objektiven wissenschaftlichen Theorien auf das menschliche archetypische Vorstellungsvermögen begrenzt sind. Dass sie sich, anders gesagt, nur in demselben Gedankenraum bewegen können, in dem bereits vor Tausenden von Jahren gedacht wurde.

So sind Zeit und Raum Dimensionen, in denen die Menschen von jeher denken, weil sie ihren seelischen Grundmustern entsprechen; deshalb können wir uns das vierdimensionale Raum-Zeit-Kontinuum von Einstein noch vorstellen. Und solange Zeit und Raum nur psychische Hilfskonstruktionen bleiben, die den Menschen dazu dienen, sich in der Welt zurechtzufinden, müssen sie auch nicht in Frage gestellt werden.

Doch die Wissenschaft hat Raum und Zeit konkretisiert zu objektiven messbaren Kategorien, hat sie also heruntergeholt aus dem symbolischen Geltungsbereich. Mit dem Einfluss der archetypischen Vorstellungen auf die Entwicklung physikalischer Theorien hat sich der Physiker und Nobelpreisträger Wolfgang Pauli zusammen mit dem Psychoanalytiker Carl Gustav Jung eingehend befasst.

Und dass die Kategorien Raum und Zeit auch außer Kraft gesetzt werden können, das belegen eindrucksvoll die berühmten Experimente des Forscherehepaars Rhine zur außersinnlichen Wahrnehmung (ESP = extrasensory perception). Die Experimente, die in vielen Varianten durchgeführt wurden, hatten folgende Grundstruktur: Der Experimentator und die Versuchsperson befanden sich jeweils in verschiedenen Räumen und hatten keinerlei Sichtkontakt. Der Experimentator hatte vor sich einen Stapel von 25 Karten, von denen jeweils fünf dasselbe einfache Symbol zeigten: Kreis, Quadrat, Kreuz, Wellenlinie oder Stern. Nun hob der Experimentator die durchgemischten Karten der Reihe nach ab, und die Versuchsperson sollte sich vorstellen, welches Symbol jeweils zu sehen war. Manche Versuchspersonen erzielten dabei so hohe Trefferquoten, dass sie weit über der Zufallswahrscheinlichkeit lagen. Die Distanz zwischen Experimentator und Versuchsperson wurde immer weiter vergrößert, doch das hatte keinen Einfluss auf die Trefferquote. Selbst wenn ein Kontinent die beiden trennte, kam es zu den gleichen Ergebnissen wie auf kurze Entfernung. Der Faktor Raum schien also keine Rolle zu spielen. Und der Faktor Zeit genauso wenig: Sogar die Vorhersage einer Kartenserie, die erst später aufgelegt wurde, gelang mit überzufälliger Übereinstimmung.

Für diese Ergebnisse gibt es keine physikalisch-energetische Erklärung. Was den Erfolg beeinflusste, war die innere Einstellung der Versuchsperson: ihr Interesse und ihr Glaube an die Möglichkeit einer solchen außersinnlichen Wahrnehmung. Ließ das Interesse am Versuch - also die Aufmerksamkeit - nach, verschlechterten sich die Trefferquoten.

Hatten solche Experimente bereits vor dem Zweiten Weltkrieg Zweifel geweckt an unserer herkömmlichen Vorstellung von Raum und Zeit, so hat die moderne Astrophysik diese inzwischen ganz aufgegeben. Astrophysiker wie Stephen Hawking haben als kleinste Bausteine der Materie ›Strings‹ (Fäden) errechnet, aus denen sie ›Branes‹ (Membranen) herleiten, um schließlich bei einem zehn- oder elfdimensionalen Universum zu landen, in dem viele Welten parallel existieren und in dem es kein Problem wäre, Phänomene wie die außersinnliche Wahrnehmung (ESP) zu erklären. Allerdings fragt es sich, ob es nicht einen sehr viel größeren seelischen Kraftakt erfordert, an ein solches Weltbild zu glauben, als an religiöse Weltdeutungen. Und, noch wichtiger: Was bringen solche wissenschaftlichen Vorstellungen im Hinblick auf die Sinnfrage und die Angst vor dem Tod? Sind sie irgendwie hilfreich oder gar tröstlich?

Die meisten Menschen werden das verneinen. Aus einem einfachen Grund: Diese Bilder sind uns fremd, denn sie sind nur mathematisch errechnet, unanschaulich und abstrakt. In der menschlichen Psyche finden sie keine Entsprechung.

Tröstlich hingegen empfinden wir es, dass nicht alle Phänomene unserer Welt wissenschaftlich erklärbar sind. Dass wir, wie die Rhine-Experimente belegen, Erfahrungen machen können, die uns unbekannte Dimensionen ahnen lassen – und so Raum geben für den Glauben. Vielen Naturwissenschaftlern heute ist leider die Einsicht eines Albert Einstein anscheinend verloren gegangen, dass die Begegnung mit dem Geheimnis, mit dem Unerklärbaren, der Wissenschaft keineswegs im Wege steht, sondern notwendig zu ihr gehört. »Das tiefste und erhabenste Gefühl, dessen wir fähig sind«, hat er gesagt, »ist das Erlebnis des Mystischen. Aus ihm allein keimt wahre Wissenschaft.«

Wie geht glauben?

Eine Party, auf der das Gespräch plötzlich den netten Plauderton verliert und bei einem Thema landet, das nicht so recht zur Partystimmung passt: beim Recht auf Selbstmord in einer ausweglosen Situation. Einer nur unter den Anwesenden kann drüber reden, einer der Ältesten: Er hat das KZ Auschwitz überlebt, als Einziger seiner Familie. Sein Bruder ist vor seinen Augen in den tödlichen Zaun gerannt, um einem noch entsetzlicheren Ende zu entgehen. »Was hat dich denn am Leben gehalten?«, wird der heitere alte Herr gefragt. »Ich habe daran geglaubt, dass das Glück um die Ecke sein kann«, lächelt er.

Glauben so verstanden ist das, was es seiner Wortherkunft nach bedeutet, denn die Vokabel leitet sich ab vom althochdeutschen *gilouba* für Vertrauen.
Angesichts derer, die heute ihren Glauben so ausleben, dass der Rest der Welt es aus den Nachrichten erfährt, zeigt sich allerdings, dass dieser Gedanke des Vertrauens auf entsetzliche Weise pervertiert werden kann. Denn was Selbstmordattentäter antreibt, ist schließlich das überwältigende, siegessichere Vertrauen auf eine Belohnung im Jenseits.
Der Fundamentalismus, ob muslimischer, christlicher oder jüdischer Prägung oder so, wie ihn viele Sekten leben, ist sicher auch ein Grund dafür, dass die Glaubensfrage ins Bewusstsein der Nichtgläubigen gerückt

worden ist. Wenn das Vertrauen von Gläubigen so viel vermag, auch wenn es schrecklich, blutig, monströs ist, dann verfügen sie über eine Antriebskraft, die den Nichtgläubigen fehlt. Für die fanatischen Täter gibt es etwas, das größer ist als sie selbst und die Aufopferung ihrer Person lohnt. Auch wenn wir ihre Taten verurteilen, nötigt uns diese Einsicht, über Glauben als die wohl größte geistige Macht nachzudenken.

Viele Menschen haben die Katastrophe des Zweiten Weltkriegs nur durch irgendeine Art von Glauben überstanden. Denn Glauben bedeutet immer eine Ausrichtung in die Zukunft, eine Orientierung auf ein sinnhaltiges Ziel. In der Nachkriegszeit des Aufbaus und des Wirtschaftswunders wurde die Energie für den Akt des Glaubens zuerst einmal absorbiert von Fleiß und Tatendrang. Ziel wurde der sichtbare Erfolg.

Die Waschmaschine und die Spülmaschine, das eigene Auto und das eigene Heim, der Fernseher und die Fernreisen. Doch das Streben nach immer mehr hat sich verselbstständigt zu einem Wachstumswahn. Und zu einer Vermehrung von Besitz um seiner selbst willen, die nicht mehr die Lebensqualität verbessert und schon gar nicht dem Dasein einen Sinn geben kann. »Das allgemeine Leiden ist die Entfremdung von sich selbst, von den Mitmenschen und von der Natur; das Bewusstsein, dass uns das Leben wie Sand durch die Finger läuft, dass wir sterben werden, ohne gelebt zu haben, dass wir im Überfluss leben und doch ohne Freude sind.« Das schrieb Erich Fromm bereits 1960 in »Zen-Buddhismus und Psychoanalyse«. Doch wie alle solchen weisen Warner wurde er nur von denen gelesen, die solche Warnungen nicht nötig hatten. Die, die er meinte, sahen auf einmal in ihren aufgeräumten Wohnzimmern befremdliche Wesen mit langen Haaren, glasigen Augen und zerschlissenen Jeans, die vom Frieden redeten und davon, dass nur Nächstenliebe, gerne auch in Form von Sex, glücklich mache. Sie behaupteten, klug, weise und erfahren zu sein - nichts anderes bedeutet ›hip‹, das Slangwort der Schwarzen, nach dem sich die Hippies nannten.

Beim Protest der Kinder gegen die eigenen Eltern, der Hippie-Jugend gegen das Establishment, ging es vordergründig nicht um Glaubensfragen. In den Diskussionen, die von München bis Minneapolis die Elternhäuser wackeln ließen, flogen die verbalen Geschosse. Vordergründig bekriegten sich die Generationen, weil die jüngere in den Augen der älteren ungepflegt und verwahrlost aussah, weil sie die Karriere verweigerte und die Militärpflicht. Dahinter aber stand etwas anderes: Die Jungen lehnten kategorisch eine Weltsicht ab, in der sich alles im Koordinatensystem des Berechenbaren bewegte. Sie fühlten sich abgestoßen von der in Selbstzufriedenheit herausgebackenen Mentalität, die ihre Ziele auf rein materiellem Niveau sah. In den 70er Jahren wurde unter den Satz »Gott ist tot. Nietzsche.«, den einer an die Wand geschrieben hatte, schon wieder gekritzelt: »Nietzsche ist tot. Gott.«

Keiner von den Kritzlern hätte geahnt, dass ihnen eine als Yuppies bezeichnete Jugend nachfolgen sollte, die ihren Eltern gefallen hätte: gestylt, karrierebewusst, besitzorientiert. Doch das Bedürfnis nach Metaphysik wird offenbar immer erst dann dringlich, wenn eine Notlage Menschen zum Zweifeln bringt oder wenn sie sich selbst die Zeit zum Zweifeln lassen. Und die Sinnfrage, die Erich Fromm vor über vierzig Jahren stellte, müssen sich nun auch jene wieder stellen, die sie im Börsenfieber vergessen hatten.

Die Entfremdung, von der Fromm spricht, meint den Verlust des Vertrautseins mit den eigenen Ursprüngen – eine Entwurzelung. Und wer sich auf die Suche nach diesen Wurzeln begibt, möchte sich wieder mit etwas verbinden, zu dem er den Kontakt verloren hat. Religion kommt vom lateinischen Wort ›religare‹, zu Deutsch: zurückbinden, wieder vereinigen.

Wer sich mit den frühen Vorformen von Religion beschäftigt, entdeckt dort die Grundzüge dessen, was spätere Religionen ausmachen sollte. Die Menschen versuchten, sich erschreckende Naturereignisse und Geschehnisse dadurch zu erklären, dass sie die Natur mit Geistern und Dämonen beseelten. Der Blitz und der Donner, das Beben der Erde und heftige Stürme, Überschwemmungen oder Trockenzeiten wurden plausibel, wenn diese Wesen sie verursacht hatten. Mit solchen Wesen konnten die Menschen über ihre Mittler, die Schamanen, in einen indirekten Dialog treten; der Dialog ist ein Grundbestandteil jeder Religion, auch ein Gebet ist nichts anderes. Ziel des Austauschs war es, die Geister und Dämonen durch magische Rituale günstig zu stimmen, die Naturgewalten durch Beschwörungsformeln zu beeinflussen.

Doch es gibt noch andere Möglichkeiten, die unberechenbaren Mächte der Natur ins eigene Weltbild zu integrieren. Das führt der Totemismus vor. Jeder Stamm erklärte ein bestimmtes Tier für heilig, für unantastbar, denn es wurde als Schutzgott eben dieses Stammes angesehen. Einmal im Jahr allerdings wurde dieses Tabu gebrochen: Das Totemtier musste dran glauben, es wurde geschlachtet und verzehrt - verinnerlicht im ursprünglichen Sinn. Die magischen Kräfte dieses Tiers sollten auf diese Weise auf die Menschen übergehen. Anscheinend kam es ihnen aber nach einiger Zeit selber komisch vor, Tiere als Götter anzubeten, deren Schicksal sie mit dem Schlachtmesser selbst in der Hand hatten. Da lag es doch entschieden näher, die Götter zu vermenschlichen. Zunächst einmal etwas zögerlich: Sie erdachten sich Mischwesen, halb Tier, halb Mensch, wie die meisten göttlichen Gestalten der ägyptischen Mythologie.

Erst daraus entwickelte sich die Idee, die Götter menschengleich zu denken, nicht nur in ihrer Gestalt, auch in ihrem Verhalten. Die Götter der griechischen Antike waren eifersüchtig und missgünstig, intrigant und verlogen, betrügerisch und machtgeil, eitel, lüstern und liebeshungrig. Vorbildfunktion besaßen die olympischen Götter also nicht. Die Menschen projizierten nur ihre eigenen Merkmale auf Wesen, die allerdings wesentlich mehr Macht besaßen als sie selber. Sie konnten zum Beispiel ganz nach Lust und Laune Menschen verwandeln in Tiere, Felsen, Pflanzen oder sogar in etwas Körperloses wie das Echo. Und außerdem hatten sie den Menschen eines voraus: die Unsterblichkeit. Wie sie zu diesem Privileg kamen, scheint aus heutiger Sicht schwer verstehbar, denn Gerechtigkeit oder Weisheit war von keiner jener göttlichen Figuren im Olymp zu erwarten. Und da drängt sich schon die Frage auf: Warum beteten die Menschen sie dann an? Warum bauten sie ihnen Altäre, brachten ihnen Opfer, beugten sich ihren Forderungen? Letztlich aus ähnlichen Beweggründen wie die frühen primitiven Naturreligionen: Es war der Versuch, jene göttlichen Wesen zu manipulieren. Der Götterhimmel wurde geschaffen, um den irdischen Ereignissen einen Sinn zu geben und Schicksalsschläge zu deuten, zum Beispiel als Rache oder Strafe einer Gottheit. Die Götter erklärten die Welt und gaben ihr Struktur. Was die Götter angeblich an Macht besaßen, hatten die Menschen ihnen zugesprochen, um mit Hilfe der Autorität im Jenseits eine Ordnung im Diesseits zu schaffen. Und damit trotz der Furcht vor den Göttern Zutrauen herrschte und die Bereitschaft zu glauben nicht versiegte, musste man den Gläubigen etwas Beruhigendes, Tröstliches bieten - so wie man ein Tier zutraulich zu machen versucht, indem man ihm ein Büschel Grünes entgegenstreckt. Im alten Wort *gilouban,* im neuen Wort Glauben verbirgt sich das Wort Laub wie die Vokabel *leaf* im englischen *belief*. Und was ist dieses Laub? Es war die Hoffnung auf ein Weiterleben nach dem Tod.

Es macht Arbeit, doch die Karriere ist göttlich

Was lässt sich für das Leben im Jenseits tun?

Er hatte gnadenlos geschuftet. Und keine Arbeit gescheut. Vieles, was er in Angriff nahm, war eher unappetitlich: die verdrecktesten Ställe hat er ausgemistet und widerlichen Wesen Köpfe abgeschlagen. Alles natürlich Auftragsarbeiten. Trotz heldischer Pflichterfüllung ohne Rücksicht auf sich selber starb er qualvoll - die Rache einer betrogenen Frau ereilte ihn. Und da kam endlich die Belohnung für lebenslange Plackerei: Er wurde von einer Wolke verhüllt und auf direktem Weg in den Himmel befördert.

Dass die Geschichte vom Helden Herakles ein Happy End findet, hat einen sehr einfach Grund, der sich heute Mitarbeitermotivation nennen würde. Sie demonstriert, dass die Götter auch belohnen konnten und damit den Menschen einen Anreiz lieferten, heldenmütig und vorbildlich zu sein. Denn sie verfügten über die Kraft, den Sterblichen unsterblich zu machen, ihn zu sich, zum Gott zu erheben - die so genannte Apotheose. Die Vergöttlichung eines Sterblichen gab es auch bei den Sumerern, im Ägypten des Alten Reichs und im chinesischen Kaiserreich. Dort ging es allerdings darum, die Herrschaft der Regierenden zu rechtfertigen. Die Regenten selber behaupteten, direkt von Gott abzustammen, und zwar schon in prähistorischer Zeit. Ein

sehr praktischer Einfall, denn man erspart sich lange Argumentationen über den Anspruch auf Macht und Ausbeutung, wenn der zu einem angestammten göttlichen, also unbezweifelbaren Recht erklärt wird. Bei den Griechen aber waren es nicht Herrscher auf Erden, die sich von vornherein für göttlich erklärten, es waren vielmehr irdische Helden wie Herakles, die zum Lohn für ihre Taten göttlich wurden. Und deren Apotheose wird ähnlich beschrieben wie später die Himmelfahrten von Christus und Maria.
Auch der Idee der Apotheose liegt eine sehr praktische Überlegung zu Grunde: Ein Soldat - und Herakles war letztlich nur der Vorbildkrieger - ist eher dazu bereit, sein Leben für ein sinnloses Gemetzel herzuschenken, wenn er dafür mit Unsterblichkeit bezahlt wird. Und es findet sich hier auch schon die Vorstellung, die Seele begebe sich nach dem Tod auf eine Reise. Wie im alten Ägypten, wo der Glaube an ein Jenseits bereits im 3. Jahrtausend v. Chr. dokumentiert ist, gibt es auch bei den Griechen die Erwartung eines Jüngsten Gerichts, das der Chef der Unterwelt, Gott Hades, abhält, assistiert von den drei Richtern Minos, Rhadamantys und Aiakos. Sind sie abgeurteilt, trinken die Toten aus dem Unterweltfluss Lethe, dem Fluss des Vergessens, und verlieren damit die Erinnerung an ihr irdisches Dasein. Danach werden sie rigide aufgeteilt in eine Dreiklassengesellschaft mit unterschiedlichen Aufenthaltsorten. Die meisten werden in die Adelphos-Ebene geschickt, wo sie als Schatten existieren und weder Schmerz noch Freude kennen. Eine kleine Elite darf sich zurückziehen auf die Insel der Seligen, Elysion genannt (daher das Wort Elysium für den

Himmel), die Übeltäter werden in den Tartaros verdammt, einen Schreckensort tief unter der Erde, wo sie für immer und ewig geschunden werden.
Anders als in den monotheistischen Religionen können die Lebenden unter bestimmten Umständen die Unterwelt betreten, um einen bereits Gestorbenen von dort zurückzuholen. Der Umstand heißt immer: Liebe.

König Admetos sollte früh sterben – göttliche Rache für ein versäumtes Opfer in der Hochzeitsnacht. Apoll, sein Schutzgott, handelte für ihn jedoch einen Sondervertrag aus: er dürfe weiterleben, wenn jemand anderer für ihn sterben würde. Doch keiner seiner Freunde und Verwandten will sich opfern, nicht einmal seine uralten Eltern sind dazu bereit. Nur Alkestis, seine Frau, stirbt sofort freiwillig für ihn. Admetos ist derart untröstlich über den jähen Tod seiner Liebsten, dass es die Götter rührt und sie Herakles die Erlaubnis zur Rückholung der Gestorbenen erteilen.

Liebe als eine den Tod überwindende Kraft wird hier zum Thema.
Auch wenn sich solche Geschichten von selbstlosen Liebesbeweisen und Heldentaten finden, die das Herz der Götter rühren können, ist das Weltbild und das Menschenbild der griechischen Antike äußerst pessimistisch. Das drückt sich aus in der Vorstellung von den vier, in manchen Überlieferungen auch fünf Weltzeitaltern. Am Anfang steht das Goldene Zeitalter, ein längst vergangener Idealzustand, eine Ära paradiesi-

schen Friedens, frei von Gewalt, Krankheit und Sorgen. Warum und wodurch es endet, wird nicht gesagt. Nur dass Zeus danach das silberne Geschlecht geschaffen habe - keine gelungene Schöpfung, denn diese Menschen sind gewalttätig, bösartig, herrschsüchtig und nicht bereit, Götter anzuerkennen. Nur konsequent, dass Zeus diese Schöpfung bald unter der Erde verschwinden lässt und das bronzene Geschlecht erschafft, das, wie der Name sagt, das Metall für sich entdeckt, aus dem sich Kulturgüter schaffen lassen, aber auch Waffen. Mit denen zerstört es sich selbst. Danach gibt es noch einmal eine kurze Phase berechtigter Hoffnung - das Zeitalter der Helden, die sich, von den Göttern beseelt, vernünftig benehmen. Ihr gegenwärtiges Zeitalter betrachteten die Griechen der Antike als das eiserne, in dem das Gute wie das Böse existieren, in dem die Menschen sich mit einer mühseligen Existenz abfinden müssen.

Die Welt und die Menschheit entwickeln sich nach dieser Vorstellung auf allen Ebenen ständig abwärts. Das Paradies geht schrittweise unwiederbringlich verloren. Heraklit, 550 vor unserer Zeitrechnung geboren, ging als Philosoph bereits schöpferisch mit diesen antiken Mythen um und machte sie zur Basis seiner eigenen Weltdeutung. Als Urprinzip betrachtete er das Feuer: Aus ihm, behauptete er, sei die Welt geboren worden, in ihm werde sie verbrennen, aber nach diesem Weltbrand, der Ekpyrosis, werde sie wieder neu erstehen; ähnlich die germanische Überzeugung, nach der großen Götterdämmerung, dem Krieg der Götter gegeneinander und einem alles vernichtenden Brand, werde die Welt neu geboren. Im Gegensatz zu der älteren Vorstellung, dass alles zuverlässig abwärts und zu Ende gehe, war Heraklit der Meinung, das Weltgeschehen verlaufe zyklisch. Er glaubte an eine periodische Zerstörung und Neuschöpfung der Welt, die nach dem Ablauf von vier Weltaltern wieder mit einer schönen goldenen Ära beginne.

Diese Vision ist tröstlich. Selbst Menschen, die wie viele heute jammern, es gehe alles unaufhaltsam abwärts und wir lebten in einer Periode des Zerfalls, könnten sich wenigstens aufbauen an der Gewissheit, Teil einer notwendigen Entwicklung zu sein und kurz vor einem Neubeginn zu stehen. Die Mühsal erhielte dadurch ihren Sinn.

Schon lange vor Heraklit hatten bereits die Veden, die älteste heilige Literatur der Inder (die frühesten Teile stammen aus der Zeit um 1000 vor Christus), eine ganz ähnliche zyklische Vorstellung vom Weltenschicksal vermittelt. Hier ist von einem großen, also kosmischen Jahr - dem Maha-Yuga - die Rede, das aus vier Zeitaltern - Yugas - besteht und insgesamt zwölftausend Jahre dauert. Wie in der griechischen Vorstellung bewegt sich die Welt dabei mehr und mehr dem biologischen, sozialen und ethischen Zerfall entgegen.

Immer schon hat es sich gut verkauft, wenn jemand behauptet hat: Ich weiß, woran man den Anfang vom Ende erkennt. Bei den Indern hieß es damals, das Kali-Yuga, das Endzeitalter, sei daran erkennbar, dass sich kein einziger ehrlicher Mensch mehr finden lasse. Ein Indiz, das bis heute gerne angeführt wird. Doch wie in der Vision des Heraklit folgt auf das Ende jedes Zyklus und die Vernichtung im Chaos wieder ein Neubeginn.

In den Upanishaden, den Folgeschriften der Veden,

heißt es dann: Genauso wie dem ganzen Kosmos ergeht es der einzelnen Seele. Auch sie hört mit dem physischen Tod nicht auf zu existieren. Der Tod stellt wie der Weltenbrand, wie das Chaos, nur den Übergang zu einem neuen Leben dar. Die Seele stirbt nicht, sie kehrt wieder in einem neuen Körper. Was für ein Körper das ist und unter welchen Umständen er leben wird, entscheidet aber nicht ein Gott oder eine göttliche Macht, sondern das so genannte Karma - die Summe der Taten im vorangegangenen Leben. Für dieses Karma ist also jeder Mensch selbst verantwortlich. Die neue Existenz ist eine sinnvolle Fortsetzung der früheren: Wer auf dem Weg nach oben war, steigt weiter auf, wer sich auf dem Abwärtsweg befand, muss noch weiter unten anfangen. Eine sehr ökonomische Ethik, die keine Energie verschwendet. Und zugleich eine unbarmherzige, denn es scheint kein Entkommen zu geben aus dem Samsara, diesem Kreislauf der Wiedergeburten. Diese Idee der Selbstverantwortlichkeit ist zwar erfreulich, aber auch anstrengend: Nicht irgendwelche göttlichen Mächte oder ein blindes Schicksal sind schuld daran, wenn es mir schlecht geht, sondern ich selbst bin es. Und nur aus eigener Kraft, nicht durch himmlische Beihilfe kann der Mensch es schaffen, dem gnadenlosen, endlosen Wiedergeborenwerden zu entrinnen. Die Erlösung ist Sache des Menschen, nicht irgendeines Gottes: Die Einzelseele, das Selbst - das ›Atman‹ - muss sich von der Außenwelt abwenden und der eigenen Innenwelt zuwenden. Nur wenn es sich versenkt in sich selbst, findet es dort das Göttliche - das ›Brahman‹. Und das ist keine leichte Sache, denn Brahman ist gestaltlos; es wirkt jedoch in allen Dingen, es verbindet sie. In dieser Vorstellung, dass Gott im Menschen steckt, findet der Begriff der Religion eine neue Bedeutung: Die Wurzeln, nach denen wir suchen, liegen in uns selbst, nicht außerhalb.

Dass der Mensch sich nur selbst erlösen kann, ist auch Inhalt der buddhistischen Lehre. Dort wird aber gleich verraten, dass es nur eine einzige Möglichkeit gibt, gut zu handeln: selbstlos und völlig uneigennützig. Und es wird außerdem gesagt, wie das geht: Der Mensch muss sich von den zwei negativen Kräften befreien - einerseits der Aversion, der abstoßenden Kraft, dem Hass, und andererseits der Attraktion, der Anziehungskraft der sinnlichen Begierde. Das Hinderliche an diesen Kräften ist, dass sie binden, also das Loslassen unmöglich machen. Wer hasst und begehrt, hat noch nicht genug, sondern hängt am Leben und kann sich nicht vorstellen, wie schön und erlösend das Loslassen ist. Deshalb muss er wieder und wieder ein neues Leben durchleiden.

»Ich möchte einen blauen Ballon haben! Einen blauen Ballon möchte ich haben!«
»Da hast du einen blauen Ballon, Rosamunde!«
Man erklärte ihr nun, dass darinnen ein Gas sich befände, leichter als die atmosphärische Luft, infolgedessen etc. etc.
»Ich möchte ihn auslassen -«, sagte sie einfach.
»Willst du ihn nicht lieber diesem armen Mäderl dort schenken?!?«
»Nein, ich will ihn auslassen!«
Sie lässt den Ballon aus, sieht ihm nach, bis er verschwindet in den blauen Himmel.

»Tut es dir nun nicht Leid, dass du ihn nicht dem armen Mäderl geschenkt hast?!?«
»Ja, ich hätte ihn lieber dem armen Mäderl geschenkt!«
»Da hast du einen andern blauen Ballon, schenke ihr diesen!«
»Nein, ich möchte den auch auslassen in den blauen Himmel!« – Sie tut es.
Man schenkt ihr einen dritten blauen Ballon.
Sie geht von selbst hin zu dem armen Mäderl, schenkt ihr diesen, sagt: »Du, lasse ihn aus!«
»Nein«, sagt das arme Mäderl, blickt den Ballon begeistert an.
Im Zimmer flog er an den Plafond, blieb drei Tage lang picken, wurde dunkler, schrumpfte ein, fiel tot herab als ein schwarzes Säckchen.
Da dachte das arme Mäderl: »Ich hätte ihn im Garten auslassen sollen, in den blauen Himmel, ich hätte ihm nachgeschaut, nachgeschaut – !«

Aus: Peter Altenberg ›Im Volksgarten‹

Das Loslassen lernen kann nach der buddhistischen Lehre jeder Mensch durch Meditation und eine Lebensführung, die ohne Wünsche auskommt. Wunschlos glücklich sein heißt hier nicht, dass alle Wünsche befriedigt worden sind, sondern dass sie gar nicht erst entstehen. Ziel der Meditation ist es, sich innerlich von allen Begierden zu befreien – ein Gedanke, den auch Platon verbreitet hat. Er sprach vom Gefängnis des Körpers, aus dem die Einzelseele nur entkommen könne, wenn sie sich von allen körperlichen Begierden systematisch löse. Das heißt: Schlaue Menschen merkten ziemlich bald, dass die erst mal tröstliche Vorstellung vom ewigen Kreislauf etwas Bedrängendes hat. Und dass jeder, der ein paar Mal diesen Kreisverkehr absolviert hat, nur noch herauswill. Und zwar auf einer Einbahnstraße, die garantiert keinen Rückweg kennt. Dummerweise ist dieser Weg der Selbsterlösung schwer zu finden und steht nur Fortgeschrittenen offen. Also lag es nahe, dass viele Menschen eine einfachere Lösung herbeiwünschten und sich nicht selbst auf diesen mühseligen Weg machen wollten.

Häberle: »Pfleiderer, ich sag Ihnen: Sie müsset ein anderer Mensch werde. Sie müsset in sich gehe.«
Pfleiderer: »Wohin?«
Häberle: »In sich.«
Pfleiderer (wimmernd): »O noi, des isch mir z'weit.«

Was macht Offenbarungen so beliebt?

Die beiden haben sich das schon vor Jahren vorgenommen, eine Abenteuerreise zu machen: zu zweit nach Ägypten fahren und die Pyramiden sehen. Aber man sollte sich vorher mit der ägyptischen Mythologie beschäftigen, haben sie gehört. Und ganz ohne ein paar Brocken in der Landessprache käme man auch nicht durch. Außerdem sei die Sache mit der Ernährung ziemlich gefährlich - die Darmgrippe, die man sich dort einfange, sei verheerend. Wieder und wieder schieben sie die Reisepläne auf. Je länger sie drüber nachdenken, desto beschwerlicher erscheint ihnen das Ganze.
Und dann flattert ihnen dieses Angebot ins Haus: eine Pauschalreise, auf der alles bis ins Detail organisiert ist. Nur Deutsche dabei, ein Führer, der fließend Deutsch und Arabisch spricht und die Mythologie und Archäologie in- und auswendig kennt, außerdem Hotels, in denen garantiert wird für bakterienfreie Kost und reines Trinkwasser. Gut, ein Abenteuer ist das nun nicht mehr und besonders individuell auch nicht. Aber immerhin werden sie so endlich die Pyramiden sehen.

Sie entspannt ganz ungemein, die beruhigende Gewissheit, sich nicht mehr alleine darum kümmern zu müssen, wie man ein fernes Ziel erreicht und sich dort gut aufgehoben fühlt. Das gilt auch für den richtigen Weg zum Seelenheil. Indem sie genau dafür patente, einfache Lösungen anbieten, gewinnen jene Religionen Anhänger, die sich als monotheistische Offenbarungsreligionen verstehen: Judentum, Christentum und Islam. Sie alle versprechen ein Erlösungsmodell, das bei jedem Menschen funktioniert, wenn er die Gebrauchsanweisung genau befolgt. Damit er sich daran hält, wird er gewarnt: Bei fehlerhafter Benutzung entstehen irreparable Schäden. Das heißt, im Monotheismus gilt ein durchgehendes Mono-Prinzip. Es gibt nur einen Gott, der keine anderen Götter neben sich duldet, es gibt nur einen richtigen Weg, nur eine richtige Methode. Es ist also konsequent, dass es auch im Weltenschicksal nur einen einzigen Durchgang geben kann - und keine Wiederholung. Anders gesagt: Im Monotheismus wird die Vorstellung von einer zyklischen Zeit abgelöst von der einer linearen. Das kosmische Schicksal ist nicht mehr zeitlos, sondern zeitgebunden.

Damit wird aus der mythischen Zeit eine historische. Und die lässt sich festmachen an historischen Gestalten - an den Propheten. Das, was zwischen der Menschheit und Gott geschieht, wird durch die Propheten zur Geschichte, in die Gott in einzelnen Aktionen eingreift. Diese Eingriffe werden freundlicherweise angekündigt von den Propheten, denn die sind das Sprachrohr Gottes.

Einerseits haben sie also wie der Reiseleiter eine positive Funktion: Es kann an sie delegiert werden. Andererseits ist der Mensch aber darauf angewiesen, zu glauben, was sie ihm verkünden, und zu tun, was sie ihm anraten: Er wird passiv. Und der Begriff ›göttliche Offenbarung‹ sagt, dass der Mensch dabei nur eine passive Rolle übernimmt: Ihm *wird* die Wahrheit, die Weisheit, die Erkenntnis von Gott offenbart, so wie ein Vorhang aufgezogen wird und sich die göttliche Helligkeit zeigt. Doch es ist gefährlich, direkt in dieses gleißende Licht zu sehen. Schon in den Religionen der Naturvölker wird davor gewarnt, dass die direkte Begegnung mit dem Göttlichen die normalen Sterblichen überfordert. Logisch also, einen Mittler dazwischenzuschalten, einen, der wie der Reiseleiter beide Sprachen versteht - die menschliche und die göttliche. Was bei den Naturvölkern Aufgabe des Schamanen war, übernimmt in den monotheistischen Religionen ein Prophet. Und er übermittelt den normalen Sterblichen die göttlichen Mitteilungen in gut aufbereiteter Form - so, dass sie diese auch verkraften können.

Solche vorgefertigten Offenbarungen kranken an einem großen Nachteil: Sie können zwar angenommen und fraglos übernommen werden. Ihr Geheimnis aber, das geistige Erleuchtungserlebnis, ist nicht einfach übertragbar auf andere Menschen. Die sind dann keine selbst Erleuchteten, sondern nur deren Nachahmer. Die Erleuchtung wird zur Beleuchtung, wenn die Erhellung nicht selbst erfahren wird, sondern nur vervielfältigt und missionarisch verbreitet. Wie bei jedem Vervielfältigungsprozess entsteht durch die wachsende Distanz von Original und Kopie eine wachsende Gefahr von Missverständnissen. Denn wie andere Religionen auch, äußern sich die monotheistischen in Bildern, Symbolen und Legenden, also vieldeutig. Und bei der Deutung kann einiges schief gehen, vor allem, wenn das Bildhafte auf die Ebene der körperlichen Wirklichkeit heruntergeholt wird.

Das so genannte Wunder - als Gleichnis gedacht - stärkt wörtlich genommen nämlich nicht den Glauben, nur den Aberglauben. Wir müssen uns also an dieser Stelle fragen: Warum waren dann trotz der vielen Risiken und Nebenwirkungen die monotheistischen Offenbarungsreligionen von Anfang an derart erfolgreich? Warum fiel es den Menschen leicht, an das zu glauben, was ein Moses, ein Christus, ein Mohammed im Namen Gottes verkündete?

Was macht eine Religion überzeugend?

Er ist nackt und fad, sie ist nackt und fad. Beide sind ungeschminkt, wie Gott sie schuf. Er schaut etwas dümmlich, aber unschuldsvoll, sie eigentlich auch. Über beiden dräut eine Schlange, die sich vom Baum herabhangelt und beiden die Erkenntnis zuflüstert. Dass es sich nicht um eine von zahllosen mehr oder weniger guten Adam-und-Eva-Darstellungen handelt, wird nur deutlich an der Botschaft, die jene Schlange den beiden vermittelt: [c-you], steht über den Köpfen. Denn so heißt das neueste Modell einer digitalen Kamera, das einer der erfolgreichsten Kamerahersteller der Welt damit verkaufen will. Und erfolgreich verkauft.

Werbung im dritten Jahrtausend kommt manchmal überraschend gut an. Vor allem dann, wenn die Werber nicht in die Zukunft denken, sondern sich in der Vergangenheit bedienen.

Wenn uns etwas Neues ganz schnell überzeugt, dann deswegen, weil es uns nicht neu ist. Die Bilder, die präsentiert werden, scheinen den Menschen nicht fremd. Sie sind ihnen vertraut aus den Tiefen ihrer eigenen Seele, und deswegen nehmen sie sie sofort an. Dieser Mechanismus wurde allerdings nicht erst von der modernen Werbepsychologie entdeckt – in allen Religionen hat man ihn genutzt. Denn was solche Bilder erzählen, entspricht urmenschlichen Wünschen, Sehnsüchten und unbewussten Vorstellungen. Es geht nicht um etwas, was Menschen gelernt oder gelesen haben, sondern vielmehr um Urbilder - »Archetypen«, wie Carl Gustav Jung sie genannt hat -, die allen Menschen gemeinsam sind, weil sie aus dem »kollektiven Unbewussten« erwachsen. Freud sprach bereits von einer »archaischen Erbschaft«, die jeder von Geburt an besitzt, von »Urphantasien«, die unabhängig von Intelligenz, Bildung, Lebenserfahrung und kulturellem Umfeld vorhanden sind.

Die wichtigsten Ingredienzien der Christus-Legende waren so gesehen archetypisch und deswegen alles andere als neu. Christus wird gefoltert, erniedrigt, durchleidet schlimmste Qualen, stirbt kläglich, steigt hinab in den Limbus, die Unterwelt, feiert dann eine triumphale Auferstehung und steigt in den Himmel auf. Dieses Schicksal erlitt einem altmesopotamischen Mythos zufolge bereits Tammuz, der Vegetationsgott. Die Wurzeln des Tammuz-Kults reichen bis ins dritte Jahrtausend vor Christi Geburt zurück. Und auch der altägyptische Mythos von Osiris berichtet vom qualvollen Tod dieses Fruchtbarkeitsgottes, dessen Wiederkehr alljährlich mit dem Keimen der Saat gefeiert wird. Genauso die Auferstehung des Tammuz, dem die Frühlingsrituale galten, oder die des Adonis zur Zeit der Blüte roter Anemonen, die sein Blut gefärbt hatte. Es ist also eine altbekannte Tradition, wenn an Ostern die Auferstehung Christi als großes Fest begangen wird. Der zugrunde liegende Archetyp ist ein im wahren Wortsinn natürlicher: Wie in der Natur eine Pflanze vermodert und daraus wieder eine neue Pflanze erwächst, wie die Saat in die Finsternis zurückkehren muss, um wieder neue Früchte zu zeugen, so führt auch der Weg zu einem neuen Leben nur durch das Dunkel, die Unterwelt, den Tod. Im christlichen Ritual der Taufe wird dieser Vorgang symbolisch dargestellt durch das Untertauchen des Täuflings im Wasser: Er geht neugeboren als Christ daraus hervor. Auch die Abfolge der Mondphasen ist ein Urbild für die Legenden von Tod und Auferstehung, denn erst nach der Finsternis der Neumondtage beginnt der Mond in unseren Augen wieder neu zu erstehen.

Das heißt: Die monotheistischen Religionen haben zwar einerseits zyklische Vorstellungen abgeschafft, was die kosmische Zeit betrifft. Andererseits haben sie zyklische Vorstellungen erhalten in solchen Bildern und Geschichten und auch im christlichen Kirchenjahr – weil sie einer urmenschlichen Sehnsucht entsprechen. Das gibt jedem Menschen ein Gefühl der Geborgenheit und der eigenen Wichtigkeit, vielleicht sogar Unsterblichkeit: teilzuhaben an dieser übergeordneten heiligen Zeit, die größer ist als die seines banalen, profanen Daseins. An einer Zeit, die es vor ihm gab und nach ihm geben wird.

Doch es sind nicht nur Ereignisse, es sind auch Personen in den monotheistischen Religionen, die auf Archetypen beruhen und deswegen so leicht zu merken und zu verstehen sind. Ob Moses, Christus oder Zarathustra und andere Propheten: sie sollen alle wie die großen mythischen Helden, wie Perseus, Herakles und Jason, angeblich als Söhne einer Jungfrau, also unter eher ungewöhnlichen Umständen zur Welt gekommen sein. Fragen des Bio-Logischen spielen hier keine Rolle – die Geschichten werden geglaubt, weil sie aus Mythen von jeher vertraut sind.

Genauso vertraut ist das Muster, dass Propheten ebenso wie Helden einer frühen Verfolgung entkommen: Moses dem Mordversuch des Pharao durch Verschiffung in einem Korb, Herakles dem tödlichen Schlangenbiss durch die Erwürgung der Schlangen, Jesus dem Massenkindermord von Bethlehem im Auftrag des Herodes durch rechtzeitige Warnung und Flucht. Es spielt keine Rolle, ob das Ganze historisch stimmt, was im Fall des bethlehemitischen Massakers neuerdings stark bezweifelt wird, oder ob es glaubwürdig ist – dass ein Baby, auch wenn es herkulische Kräfte hat, Schlangen erdrosseln kann, ist schwer vorstellbar. Bis hin zur Himmelfahrt gilt: Für Archetypen müssen keine Argumente geliefert werden, denn sie sprechen mit dem Vokabular der Seele. Und das versteht jeder.

Dass die Prophetengestalten so problemlos angenommen wurden, hat aber über das Archetypische hinaus noch einen anderen Grund: Sie werden als markante Charaktere geschildert, die neben ungeheuren Vorzügen noch etwas anderes vorzuweisen hatten: jede Menge Fehler.

Wie sind Propheten gebaut?

Das Hochzeitsfest ist in vollem Gang, und sie, eine Mutter von vielen Kindern, sitzt als Gast mittendrin und genießt es. Freilich genießt sie nur so, wie das eine Frau kann, die gewohnt ist, sich um einen großen Haushalt zu kümmern: Irgendwie fühlt sie sich doch immer dafür verantwortlich, dass alles funktioniert. Da merkt sie, dass der Wein ausgeht. Sie wendet sich nicht an den Gastgeber, sondern an ihren Sohn; schließlich behauptet der schon seit seiner Kindheit, er sei etwas Besonderes, etwas ganz anderes als seine vier Brüder. »Sie haben keinen Wein mehr«, lässt sie ihn diskret wissen. Doch der Sohn benimmt sich, als habe ihm eine fremde Frau einen unsittlichen Antrag gemacht. »Weib«, sagt er grob, »was habe ich mit dir zu schaffen?« (Johannes 2,3-2,4.) Auch wenn der Sohn sich danach freundlicherweise um die Getränkeversorgung kümmert und einfach Wasser in Wein verwandelt - mit dem umgekehrten Wunder hätte er sich wenig beliebt gemacht -, finden viele seine Art, mit der alten Mutter umzuspringen, skandalös.

Bis heute haben manche Christen, die das Neue Testament und die Geschichte von der Hochzeit zu Kanaan genau lesen, Probleme mit dieser Passage. Doch die Probleme entstehen nur dadurch, dass sie sich vorgenommen haben, an einen Christus zu glauben, der absolut fehlerfrei ist. Warum eigentlich?

Ein Heiliger, hat Ambrose Bierce gesagt, sei ein toter Sünder. »Bearbeitet und neu herausgegeben.« So lasterhaft, wie dieser Satz zuerst einmal klingt, ist er jedoch gar nicht. Denn das Gemeinsame der großen Propheten ist, dass sie tatsächlich alles andere als vollkommen waren. Und das war schlau, denn für sterile Vorbilder entwickelt niemand warme Empfindungen. Von allen Fehlern desinfizierte Gestalten sind vielleicht Idealfiguren, zu denen man bewundernd aufschauen kann. Charisma aber haben sie keins, und deswegen überzeugen sie auch nicht, gewinnen nicht für sich. Das jedoch genau war die große Begabung von Moses, Christus und Mohammed. Sie mochten hin und wieder unsympathisch und radikal wirken, doch sie konnten auch überwältigend und unwiderstehlich sein.

Der jüdische Exeget Professor David Flusser von der Hebräischen Universität in Jerusalem begeistert sich dafür, dass es bei Jesus »um einen Menschen geht, dessen eigentliche Fähigkeit es war, andere zu seinen Fans zu machen«. Moses, Mohammed und Buddha beherrschten das ebenso.

Es ist so gesehen ein didaktischer Schnitzer, sie als vollkommen darzustellen, obwohl sie sich dagegen verwahrten. Christus wird sogar unwirsch, als einer ihn »Guter Meister« anhimmelt. »Was nennst du mich gut?«, sagt er. »Niemand ist gut außer Gott allein« (Markus 10,17 f.).

Schalom Ben-Chorin, jüdischer Religionswissenschaftler, sieht die Wanderungen von Abraham und Jesus als große Werbefeldzüge, wo es nicht nur darum ging, neue Anhänger zu gewinnen, sondern auch umgeben von schönen Frauen Bewunderung zu erwecken. So wie heute ein Popstar von attraktiven Gefährtinnen profitiert. Andererseits hat Jesus die Menschen provoziert und schockiert durch die Radikalität seiner Aussagen, die ihm als Größenwahn und Gotteslästerung verübelt wurden und schließlich zu seiner Verhaftung, Verurteilung und Hinrichtung führten. »Er ist«, schreibt der Theologieprofessor Hubertus Mynarek, »wie Moses, Mohammed, Zarathustra und andere Religionsstifter eine Grenznatur: ›verrückt‹, egozentrisch, narzisstisch, manisch-depressiv, paranoid, unmoralisch. Er ist ein von apokalyptischen Visionen und narzisstischen Projektionen umgetriebenes religiöses Genie.«

Jeder der Propheten ist aber anders verrückt, jeder hat andere charakterliche Schwächen. Und gerade dadurch werden diese Figuren in der ursprünglichen Überlieferung glaubwürdig. Moses ist ein Choleriker, den es selbst peinigt, dass er nicht richtig reden kann, sich nicht verständlich machen. Er ist ein Einsamer inmitten seiner Anhänger, ein jähzorniger, ungemütlicher, oft unsympathischer und grausamer Mann. Sein Charisma liegt in seiner Konsequenz, seinem Mut und in seinem unfasslichen Durchhaltevermögen. Und in seinem Talent, die erschöpften, verzweifelten Gefolgsleute immer wieder zu ermuntern.

Christus wird geschildert als ein eitler, verwöhnter, manchmal überheblicher und sogar verletzender Mann. Als einer, der nicht nur Fehler macht, sondern oft auch noch zu stur ist, um aus diesen Fehlern zu lernen. Deutlich wird das in einer Geschichte, die sowohl Markus (7,24-30) als auch Matthäus (15,21-28) ausführlich erzählen. Es geht um eine Heidin, die Christus Ärger beschert, als er in der Gegend von Tyros und

Sidon unterwegs ist und nicht erkannt werden möchte. Verzweifelt wirft sich diese Frau dem auch hier bekannten Wunderheiler vor die Füße, um ihm zu zeigen, wie sehr sie seine Hilfe braucht: Ihre Tochter, glaubt sie, sei von einem Dämon besessen und nur Jesus könne sie davon befreien. Der erhoffte Retter ignoriert die Bittstellerin aber einfach. Denn er sieht sein Tätigkeitsfeld ausschließlich in Israel, und das Grenzgebiet, in dem er sich nun befindet, liegt nicht in seinem Verantwortungsbereich. »Er antwortete«, heißt es bei Matthäus, »nicht ein Wort.« Die Mutter aber gibt nicht auf. »Und sie schrie laut: Erbarme dich meiner, Herr, du Sohn Davids!« (Matthäus 15,22). Doch auch das wird von Christus geflissentlich überhört. Jetzt beschließt die verzweifelte Frau, ihm eine Szene zu machen, die ihm außerhalb der Heimat peinlich, sogar gefährlich werden könnte. Die Jünger werden nervös. »Fertige sie ab, denn sie schreit uns nach!«, verlangen sie. Aber Christus lässt nicht mit sich reden. Er sei nur zur Rettung der Kinder Israels da. Die Mutter jedoch lässt nicht locker. Und da wird Christus nicht nur deutlich, er wird arrogant und verletzend. »Es ist nicht recht, den Kindern das Brot zu nehmen und es den Hunden vorzuwerfen«, sagt er (Markus 7,27 und Matthäus 15,26). Schlimmer kann er die Frau nicht demütigen: Er erklärt sie und die anderen so genannten Heiden zu Hunden. Und in diesem Augenblick wird nicht er erhellt, sondern die Mutter. »Doch, Herr«, wendet sie ein, ohne sich gegen die üble Beleidigung zu wehren, »denn auch die Hunde fressen von den Brocken, die vom Tisch des Herrn fallen« (Markus 7,28 und Matthäus 15,27). Jetzt endlich tut Christus, worum sie ihn bittet – nicht aus Einsicht, nur aus argumentativer Unterlegenheit. »Um dieses Wortes willen, geh hin; der Dämon ist aus deiner Tochter ausgefahren.«

Es passt in dieses Bild eines sehr von sich überzeugten Christus, dass er Bewunderer braucht – vor allem weibliche. Und das sind keineswegs arme, Mitleid erweckende Dirnen, zu denen er sich herablässt, auch wenn das gerne behauptet wird. Es handelt sich größtenteils um reiche Witwen aus besten Kreisen, auch vermögende Ehefrauen, die seinetwegen ihren Mann und ihre Familie verlassen haben und die ihm sein Leben finanzieren helfen. Er war, schreibt der Theologe Hubertus Mynarek, »in Wirklichkeit vornehmlich ein Freund der feinen Ladys, ein Superstar in einem erlesenen Damenzirkel«.

Dass Jesus den sinnlichen Freuden sehr zugetan war, ist allen Versuchen zum Trotz nicht ganz aus der Bibel zu entfernen gewesen. Die Zeitgenossen haben ihn als »Schlemmer und Zecher«, als »Fresser und Säufer«, als »Freund« der Sünderinnen und Sünder bezeichnet (Matthäus 11,19 und Lukas 7,34). Die Liebe, die er lebte, bestand nicht allein in Nächstenliebe, sondern durchaus in erotischer, sexueller und promiskuitiver.

Mohammed lebte da sicher moralisch strenger. Doch er war ein in jeder Hinsicht sinnenfroher und herrschsüchtiger Patriarch, der sich das Recht auf einen Harem nicht nehmen ließ. Ihm waren Geld, weibliche Schönheit, ein angenehmes Leben und jederzeit verfügbarer Sex wichtig. Keineswegs nur vor seinen Offenbarungserlebnissen, als er mit seiner ehemaligen Arbeitgeberin, einer reichen, fünfzehn Jahre älteren Witwe, verheiratet war. Auch danach noch, nach deren Tod, als er bereits Erleuchtungen hatte, ließ er es sich an der Seite seiner Lieblingsfrau Aischa gut gehen und fand sich damit ab, dass es wegen deren Vorzugsstellung unter den zwölf übrigen Frauen zu Intrigen kam. Gemeinsam ist ihm mit Moses und Christus, dass sie alle drei in den Augen der Mehrheit für verrückt gehalten wurden – für größenwahnsinnige Grenzgänger, die heute vermutlich in einer geschlossenen psychiatrischen Abteilung landen würden. Eines jedoch gehörte niemals zu den menschelnden Eigenschaften dieser Gestalten: Heuchelei. Sie waren vielleicht nicht immer weise, gut oder auch nur gütig, aber immer wahrhaftig.

Gegen nichts zogen die Propheten heftiger und radikaler zu Felde als gegen Heuchelei. Was Christus an den Pharisäern am meisten störte, war ihre Doppelmoral, und die geißelte er mit Worten, die an Deutlichkeit nichts zu wünschen übrig ließen. Und der Verlust der Glaubwürdigkeit ist es doch, mit dem sich die großen Kirchen heute herumschlagen. Wenn die menschliche Wahrheit aus der Überlieferung getilgt wird, kann keiner mehr daran glauben. Und wenn die Geistlichen zu einem unmenschlichen Lebenswandel verdonnert werden, sind sie der Unglaubwürdigkeit ausgeliefert: Offiziell dem Zölibat verpflichtet, müssen sie sich ihre sexuelle Befriedigung heimlich und oft auf kriminellem Weg verschaffen.

Was Moses, Mohammed und Jesus glaubwürdig machte, ist leider von manchen eifrigen Hütern der Heiligen Schriften entfernt worden. Diese selbst ernannten Hüter haben sich verhalten wie viele Prominente, die über sich nur lesen wollen, sie seien schön, aber auch klug, gebildet, aber auch liebevoll, intelligent, aber auch erotisch, und die den Journalisten alles andere herausstreichen aus den Berichten. Das nicht beabsichtigte Ergebnis dieser Säuberungsaktion: Die von jedem Makel befreiten Gestalten wirken unglaubwürdig. Doch leider machen sich solche historisch-moralischen Putztrupps nicht nur an Lebensgeschichten zu schaffen, sie wollen oft auch ganze Lehren bereinigen und wesentliche Inhalte aus ihnen entfernen, damit keinerlei Widersprüche zu Zweifeln verleiten. Interessant ist aber nicht nur, was bei solchen Säuberungsaktionen unter den Teppich gekehrt worden ist. Interessant sind auch die Beweggründe dafür, sie überhaupt vorzunehmen. Im Fall der monotheistischen Religionen freilich sind diese Motive ziemlich durchsichtig. Deswegen wurden und werden sie oft durchschaut.

Warum ist das Weltgericht bei der Kirche so beliebt?

Eine Horrorvision wie aus den schlimmsten Filmen: Drohende Männer sitzen zu Gericht über nackte, verängstigte, hilflose Existenzen. Die Delinquenten wissen: Jeder Einspruch ist zwecklos, denn die Herren, die da präsidieren, sind die letzte Instanz. Berufung gibt es nicht.

Diese Vorstellung findet sich in der antiken Mythologie genauso wie im Christentum, im Judentum und im Islam. Und es handelt sich dabei um eine in jeder Hinsicht gnadenlose Vorstellung, denn Gnade gibt es auch bei den Christen nicht. Obwohl der Sohn Gottes doch vorbeugend alle Schuld auf sich genommen und verbüßt hat und folglich eine Generalamnestie gelten müsste. Stattdessen wird in seiner Anwesenheit aufgerechnet, was jeder Mensch getan hat. Und addiert, ob er nun in der Gesamtrechnung unter »gut« oder »böse« einzusortieren ist. Danach, heißt es, ist die Zeit ein für allemal abgelaufen - sie endet an diesem Punkt. Danach gibt es nur noch die zeitlose Ewigkeit, in der jede Seele dort bleibt, wohin sie nach der Urteilsverkündung geschickt wurde. Wer im Himmel gelandet ist, wird dort ewig ein himmlisches Dasein genießen, wer in der Hölle gefoltert wird, wird dort ewig gefoltert. Eine Chance auf Veränderung oder gar Befreiung gibt es nicht.

Sie hat wenig Erbauliches, diese unausweichliche Vorstellung vom Weltgericht und vom Ende der Welt, doch es gab immer Menschen, die sich daran freuten, obwohl sie selber, an den eigenen Maßstäben gemessen, nicht unbedingt unter die Rubrik »gut« gefallen wären. Was sie erfreute, war die Macht, die sie und ihre Institution aus der Verbreitung dieser Schreckensvision bezogen: Angstmachen hat sich als Druckmittel Jahrhunderte, sogar Jahrtausende lang bewährt in den monotheistischen Religionen. Dass sie neben dieser ausweglosen Vision noch eine andere kannten, wurde gründlich aus den offiziellen Lehrbüchern beseitigt. Viele Gläubige haben heute daher keine Ahnung mehr davon, dass auch im Islam, im jüdischen und im christlichen Glauben eine Vorstellung vom Schicksal der menschlichen Seele existierte, die sehr viel tröstlicher ist: die Idee einer Wiedergeburt. Sie findet sich zum Beispiel im jüdischen Mystizismus, wie in den Schriften der Kabbala und im Chassidismus, wird aber nicht offiziell gelehrt. Dennoch dringt die unterdrückte Lehre nun wieder ins Bewusstsein, weil einige Rabbis sich persönlich zu ihr bekennen. In seinem Buch über jüdische Theologie, ›Die dreizehnblättrige Rose‹, 1980 in New York erschienen, sagt der berühmte Rabbi Adin Steinsalz unmissverständlich: »Das Schicksal eines Menschen steht nicht nur mit denjenigen Dingen in Verbindung, die er selbst erschafft und tut, sondern auch damit, was mit der Seele und ihren vorhergehenden Inkarnationen geschah. Die Begegnungen und Ereignisse des Lebens, seine Freuden und Leiden sind durch die frühere Existenz des Einzelnen beeinflusst.«

Er verbreitet nun also wieder die alte Lehre, es gebe eine Fortdauer des Seelenlebens über den Tod hinaus, wodurch die Seele eine Chance bekommt, sich zu rehabilitieren. Das heißt: sich selber und auch die Welt zu verbessern. Dass eine Seele zum Wohl der Menschheit wiedergeboren wird, sieht Gershom Scholem jedoch nur als ein Ausnahmeschicksal der vollkommenen Seele an. Scholem, jüdischer Professor für Mystik, sagt: »Nur die vollkommenen Frommen - eben wie im Fall des erleuchteten Buddha - sind von diesem Gesetz (der Wiedergeburt) befreit. Doch können sie wie die Buddhas und Bodhisattvas, wie im Mahayana-Buddhismus dargestellt, aus Mitgefühl mit der Welt wiederholt zurückkehren, um ihr zu helfen.«

Im Islam sind es die Sufis, die einen ganz ähnlichen Gedanken vertreten und zwei Arten der Wiedergeburt unterscheiden. Neben der Wiedergeburt der gewöhnlichen Menschen gibt es auch die Reinkarnation einer vollkommenen Seele, die nur wiederkehrt, um die Welt besser zu machen.

Dass es auch in der christlichen Tradition die Wiedergeburtsidee gab, belegt die Überlieferung der Gnostiker. In der »Pistis Sophia«, einer Sammlung gnostischer Manuskripte, findet sich ein Dialog, den Christus mit Maria Magdalena, seiner lebhaftesten Gesprächspartnerin, und seinen Jüngern geführt haben soll.

Maria Magdalena fragt ihn sehr schlau, ob nicht die Gefahr bestünde, dass sich die Menschen, in Aussicht zahlreicher Wiedergeburten, gar nicht um ihr Seelenheil kümmerten. Dass sie sich sagten: Ich habe ja später noch Zeit dazu. Christus warnt jedoch in seiner Antwort davor, die Bemühungen um Erleuchtung aufzuschieben. Denn keiner könne sich darauf verlassen, dass er in einem nächsten Durchgang Gelegenheit bekäme, sich um die Mysterien des Lichts zu kümmern. Und er rät deutlich, auf keinen Fall Zeit zu verlieren.

Alle diese Lehren gehen von einem Kontinuum der Seele aus. Doch was die Seele eigentlich ist, wird nirgendwo definiert. So, als sei es von jeher selbstverständlich, was darunter zu verstehen sei.

Was ist eigentlich die Seele?

Ein simpler Einkauf, hat er gedacht. Korkenzieher bleibt Korkenzieher, und einen, der sich durch Design wichtig macht, will er ohnehin nicht.
Doch die Verkäuferin empfiehlt ihm ein Modell, das um nichts attraktiver ist als das daneben, aber das Doppelte kostet. Er will wissen, warum. »Weil der«, sagt sie, »eine Seele hat und nur ein Korkenzieher mit Seele etwas taugt.«
»Was hat der?«
»Eine Seele. Schauen Sie.« Sie zeigt ihm den seelenlosen und den beseelten von unten. »Hier können Sie in die Spirale hineinsehen, das ist ein durchgehender Leerraum in der Mitte. Und hier nicht.«
Auf dem Heimweg überlegt er, dass es ein Philosoph gewesen sein muss, der über dem Weintrinken auf diese kluge Bezeichnung gekommen ist, denn was sich über die Seele im Korkenzieher sagen lässt, trifft auf die menschliche auch zu. Die Seele ist nichts Greifbares, sie hat keine Materie. Und doch ist sie die Mitte des Ganzen und unerlässlich für die Funktion. Von außen ist sie nicht sichtbar, aber spürbar ist sie doch.

Sicher gibt es erhabenere Bilder für die Seele als jene aus der Welt der Weintrinker. Etwas feiner und erlesener ist das Bild des Schmetterlings, wie es die griechische Antike liebte: Das Taumeln der zarten Wesen, die sich nur zögerlich auf einer Blüte niederlassen, schien

ihnen der Seele ähnlich. Dass die Griechen außerdem glaubten, die Seele schlüpfe nach dem Tod des Menschen in fliegende Insekten, ist längst vergessen, obwohl das vielleicht die Aggressivität von Moskitos erklären könnte.
Doch in den meisten alten Darstellungen, in den verschiedensten Kulturkreisen und Epochen, hat die Seele Menschengestalt - zum Beispiel, wenn sie dem menschlichen Körper entweicht. Sie wird also verstanden als ein Wesen im Wesen, analog gedacht, analog geformt. Groß braucht sie allerdings nicht zu sein. Die Hindus waren der Ansicht, die Seele, »das innerste Selbst, das für immer im Herzen aller Wesen wohnt«, sei nur »von der Größe eines Daumens«. Unser Märchen vom Däumling greift diese Idee auf, denn es handelt eigentlich von einer entkörperten Seele, die nach einem Körper sucht. Wenn schon menschenähnlich, dann darf's auch hübscher sein als solch ein gnomenhaftes Männchen, befand offenbar der römische Dichter Apuleius. In seinem Buch »Metamorphosen oder der Goldene Esel« (um 160 nach Christus), das damals ein Bestseller war, erzählt er Geschichten von wunderbaren Verwandlungen, wie sie zu seiner Zeit aus antiker Überlieferung noch allgemein bekannt waren. Darunter findet sich auch die schönste und tiefste Liebesgeschichte der Welt: die von Amor und Psyche, also davon, wie sich die Inkarnation der Liebe in jene der Seele verliebt.

☞ *Venus, die Mutter von Amor, ist amtierende Göttin für die Ressorts Schönheit und Liebe, hat damit aber offenbar nicht den Alleinanspruch gepachtet, die Schönste zu sein. Das macht ihr zu schaffen, und als sie mitbekommt, dass eine gewisse Psyche, nicht mehr als eine sterbliche Königstochter, von den Menschen wegen ihrer Schönheit angebetet wird, trägt sie ihrem Sohn auf, die Konkurrentin in ein Monster zu verwandeln. Doch der, selbst als Gott zuständig für Liebe, verliebt sich in das Mädchen, informiert ihren Vater durch einen Orakelspruch, er solle Psyche wie eine Braut ausstaffiert auf die Spitze eines Berges schicken. Und von dort aus lässt er sie vom Wind Zephir in ein verborgenes Schloss transportieren. Nachts besucht er sie, schläft mit ihr und gesteht, wer er ist. Er verspricht, jede Nacht wiederzukommen, allerdings nur in völligem Dunkel. Weil Psyche an den einsamen Tagen wie eine grüne Witwe depressiv wird, lässt er, wenn auch widerwillig, deren beide Schwestern einfliegen. Die sind aber weniger unterhaltsam als eifersüchtig und wecken in der Schwester, die einen göttlichen Traummann erobert haben will, das Misstrauen, bei dem angeblichen Gott handle es sich wahrscheinlich um ein Ungetüm. Wie sonst lasse es sich erklären, dass er nur im Dunkeln auftauche. Auf ihren Rat hin beschließt Psyche, die Sache zu überprüfen, und als Amor in postkoitalen Ermüdungserscheinungen dahinschläft, geht sie mit einer Öllampe und einem Dolch – man weiß ja nie – ans Bett. Sie sieht ihn derart vollendet schön daliegen, dass sie zusammenzuckt, Öl auf ihn schüttet und damit aufweckt. Amor fliegt umgehend ab. Und Psyche begibt sich auf die Suche nach ihm, die sich sehr unerfreulich gestaltet, weil Venus sich zahllose Schikanen ausdenkt für die unerwünschte Schwiegertochter in spe. Und Psyche wandert durch sämtliche unangenehmen irdischen und unterirdischen Situationen - in die Unterwelt muss sie auch noch hinabsteigen. Doch ihr liebendes Durchhaltevermögen beeindruckt den Göttervater Jupiter derart, dass er sie schließlich von Merkur in die olympischen Kreise einführen lässt, wo sie offiziell die Ehefrau des Liebesgottes Amor wird.*

Leider wird diese Erzählung fast nur noch unwilligen Lateinschülern als Pflichtpensum aufs Auge gedrückt. Dabei müsste sie die Lieblingslektüre von jedem sein, der sich aufseufzend fragt: »Wozu das alles? Weshalb passiert ausgerechnet mir das? Warum soll ich das alles durchstehen?« Denn hier findet er eine Antwort auf diese Frage und auch auf die, wie man sich die Seele vorzustellen habe.

Psyche ist eine Erscheinung, die von den Menschen schöner gefunden wird als Venus. Anders gesagt: Sie finden eine schöne Seele anbetungswürdiger als seelenlose Schönheit. Der Liebesgott Amor verfällt dieser Psyche und will sie für sich. Das heißt: Er merkt, dass die Seele das ist, was ihm fehlt; erst wenn zur körperlichen Liebe die seelische kommt, ist sie vollkommen.

Doch die Seele sollte nicht versuchen, das Göttliche zu erkennen - vielleicht, weil es sie erschrecken würde. Psyche darf Amor also nicht sehen, nur spüren. Als sie dem zuwiderhandelt, stürzt sie ab, wie Adam und Eva, nachdem sie vom Baum der Erkenntnis gegessen haben. Aber dieser Absturz bedeutet keineswegs das Ende, er bedeutet den Beginn des Wesentlichen: den Anfang der Erfahrungen, die eine Entwicklung überhaupt erst möglich machen. In einem adretten Eigenheim, frei von Problemen, fern der Wirklichkeit, hätte sich Psyche niemals weiterentwickelt. Ihre Leiden haben einen Sinn, eine Bestimmung. Und dass sie das alles durchsteht, weil sie liebt, weil sie an die Liebe glaubt, ist mehr als eine nette Story: Liebe, und zwar wie in diesem Fall auch eine gescheiterte, kann Antriebskraft für eine Seele sein, auch in den erbärmlichsten Lagen nicht aufzugeben.

Was die Geschichte von Amor und Psyche zeitlos macht, ist die psychologische Wahrheit. Venus sorgt auf Psyches Lebensweg für jede nur mögliche Schikane. Aber das ist nicht so sehr der spannenden Plots wegen wichtig, sondern wegen des tieferen Sinns: Sie, die nur körperliche Liebe kennt, macht es wütend, dass sie die Seele nicht versteht. Und es macht sie wütend, dass sie es nicht schafft, Psyche zum Aufgeben zu nötigen. Schlimmer noch: dass sie erleben muss, wie diese Seele wächst und die Herzen bewegt, auch das des nicht als sentimental bekannten Himmelsdespoten Jupiter. Nachdem Psyche alles hinter sich hat, was es an Üblem und Widerwärtigem geben kann, rückt sie in den Olymp auf - eine interessante Ausnahme unter den Apotheosen. Denn sie wird nicht für Heldentaten honoriert, die den alten Haudegen dort oben imponieren. Diese sind vielmehr gerührt, weil Psyche bewiesen hat, dass die Liebe eine Seele groß und stark macht. Und das ist keine leichte Aufgabe gewesen.

Die vermeintlich antiquierte Geschichte von Amor und

Psyche entpuppt sich also als ein Konzentrat an Lebensweisheit, denn sie könnte die Sinnfrage beantworten. Wer vorher noch gehadert hat, was denn ein Leben voller Ärger, Leiden und Schmerz für einen Sinn mache, erfährt: Diese Widrigkeiten sind die Katalysatoren des notwendigen seelischen Reifungsprozesses.

Bei der ersten Lektüre sagt sich jeder: Hätte die kleine Gans ihre Neugier beherrscht, dann hätte sie sich dieses Umherirren, diese unnötigen Härtetests und lästigen Strapazen sparen können. Wenn wir aber richtig lesen, verstehen wir: Genau darin liegt ihre große Chance - die Chance, sich zu entwickeln. Andernfalls wäre sie eine kleine naive, unbewusste Seele geblieben und mit Sicherheit nicht unsterblich geworden.

Kühn auch die Behauptung, die diese Geschichte von Amor und Psyche ganz nebenbei aufstellt: Die Seele findet sich nicht etwa unter den Göttern, sie findet sich unter den Menschen. Und von ihnen steigt sie dann erst zu den Göttern auf, die etwas Derartiges zuvor nicht im Programm hatten, aber natürlich der Ansicht sind, eigentlich komme sie von ihnen.

Aus dieser Perspektive betrachtet, erhellt sich das, was schon im fünften vorchristlichen Jahrhundert jener große Denker meint, den sie ›den Dunklen‹ nannten, weil sich seine Philosophie nur wenigen erhellte. Heraklit erklärt sich die Seele des Menschen als »einen Funken von der Substanz der Gestirne«. Und diese Gestirne sind für ihn gleichbedeutend mit dem ätherischen Feuer; nach dem Tod kehrt die Seele im »Weg hinauf« in dieses Allfeuer zurück.

Anschaulich wird durch diese Liebesgeschichte des Apuleius auch, was Platon lange davor meinte, als er erklärte, Eros - der griechische Amor - verdiene besondere Anbetung. Trotz seines oft intriganten und gewissenlosen Zündelns mit Liebesfeuer. Warum? Weil, so Platon, er den Seelen die Kraft gebe, nach dem Tod in den Himmel aufzusteigen. Anders gesagt: Die Liebe verleiht der Seele die Kraft, groß zu werden, viel größer als der Körper, in dem sie haust.

Dass sie weiblich ist, schien den Römern, für die Apuleius seine Metamorphosen schrieb, selbstverständlich: *anima*, das lateinische Wort für die Seele, ist weiblichen Geschlechts. Und seine etymologischen Wurzeln liegen in den Wörtern *an* für Himmel und *ma* für Mutter. Das erinnert an eine Zeit, in der die Menschen glaubten, die Seelen stammten nicht von einem himmlischen Vater, sondern von einer himmlischen Mutter ab.

Umso mehr verwundert es, dass ein halbes Jahrtausend nach der Niederschrift von »Amor und Psyche« einige mächtige Christen darauf verfallen, ausgerechnet den weiblichen Wesen generell jede Seele abzustreiten. Auf dem Konzil von Nantes, 660 nach Christus abgehalten, wurde als dritter Lehrsatz verkündet, alle Frauen seien »seelenlose Tiere«. Was brachte sie dazu? Schließlich war die Seele immer und überall weiblich, ob sie nun Psyche oder Anima, Pneuma oder Alma heißt oder Shakti, die bei den Indern für ›die weibliche letzte Wirklichkeit‹ steht. Aber bereits patriarchalische Veden-Deuter in Indien hatten sich einfallen lassen, die Atem-Seele erhielte jedes Kind vom Vater, nur die Blut-Seele beziehe es von der Mutter. Das griffen christliche Autoren auf, und der Benediktiner-Theologe Thomas von Aquin behauptete schließlich im 13. Jahrhundert, die Seele der zukünftigen Kinder sitze in den Hoden, womit Frauen von vornherein keine vererben konnten. Immerhin beweist diese Dreistigkeit der frommen Männer, dass sie die Seele als die wesentliche, die entscheidende Energie erkannten, sonst hätte es sich nicht gelohnt, sie den Frauen streitig zu machen. Es war ihnen offenbar bewusst, dass die Seele die bestimmende, formende Macht ist, ohne die alles gestaltlos bleibt.

Es gibt eine Vorstellung, die sich nach *anima*, der Seele, animistisch nennt. Sie geht davon aus, dass alle Lebewesen eine Seele haben, die aber nicht vom Körper erzeugt wird und nicht nur irgendwo in ihm sitzt. Im Gegenteil: Der Körper wird von ihr gestaltet, durchdrungen und erhalten. Die Seele ist das aktive und gestaltende Prinzip, nicht der Körper. Das heißt also, dass der Körper nur dazu da ist, etwas Höheres, Größeres zu vermitteln.

»Materie könnte«, sagt der Molekularbiologe Friedrich Cramer, »ein Vehikel für das Göttliche sein.«

Warum im Labor keine Organe wachsen

Die Presse war voll der verheißenen Wunder. Verheißen worden waren sie nicht von Esoterikern oder religiösen Eiferern, sondern von amerikanischen Naturwissenschaftlern. Da wurden Arme gezeigt, die in einer Glasschale wachsen, und menschliche Lebern, die im Labor gedeihen, alles sehr bunt und stark in virtuellen Visionen dargestellt.
Trinker schöpften Hoffnung, sich in der Organbank künftig eine neue Leber wie ein Ersatzteil bestellen zu können. Und viele unrettbar Kranke ohne Chance auf ein Spenderorgan waren geneigt, an das schöne bunte Wunder zu glauben, denn immerhin wurde es von seriösen Magazinen referiert. Doch wer die Wunderberichte genau las, stellte fest: Außer großen Versprechungen war nichts da. Mehr als ein Gramm war von dem Lebergewebe, zum Beispiel, nicht hergestellt worden. Denn die Züchtung in der Glasschale scheiterte regelmäßig an demselben Problem: Die Ernährung des Gewebes durch die umgebende Lösung reichte nicht aus. Es wuchsen nämlich keine Blutgefäße, um die werdende Leber von innen her zu versorgen. Die Gerüchte vom möglichen Wunder starben so schnell wie die Labormäuse, denen das künstliche Lebergewebe eingepflanzt worden war.

»Wir müssen eben noch warten«, sagen jene Fortschrittsgläubigen, die sich selbst für wissenschaftsorientierte, nüchterne Denker halten. »Irgendwann schaffen die es bestimmt. In den Genen steckt doch die ganze Information. Wir müssen sie nur knacken.«

»Wir werden es nie schaffen«, sagen jedoch kluge Molekularbiologen. »Denn es fehlt das Entscheidende, um aus einem Zellhaufen ein funktionierendes Organ mit Blutgefäßen, Nerven und Stützgewebe zu entwickeln.«

Was dieses Entscheidende ist?

Etwas, das zu der genetischen Information, die ja in allen Zellen dieselbe ist, hinzukommen muss. Eine ordnende Instanz, die dafür sorgt, dass die Zellen sich richtig organisieren. Wie die aussieht und funktioniert, dazu gibt es schon seit Jahrzehnten unterschiedliche Theorien und Denkmodelle, die jedoch letztlich bei einer ähnlichen Einsicht landen.

Der Zoologe und Philosoph Hans Driesch hat bereits in der ersten Hälfte des 20. Jahrhunderts eine Philosophie des Organischen entwickelt, die aus seinen Experimenten mit Seeigel-Eiern hervorging. Der Begriff, den er für die nicht fassbare, unsichtbare Gestaltungskraft fand, ist allerdings weder modern noch naturwissenschaftlich: Er nannte sie mit Aristoteles »Entelechie«. Das bedeutet »die Vollendung in sich habend«.

In der aristotelischen Lehre geht es dabei um die Form, die zur Verwirklichung in Materie drängt. Jeder Körper trägt diese Energie in Gestalt der Seele in sich, die eben weiß, wo es hingehen muss, die weiß, wie das Vollendete aussehen muss.

Neu war Drieschs Gedanke also nicht. Er findet sich auch bereits im Animismus, der von einer vegetativen

Seele sprach, durch die bei einer wachsenden Pflanze die Formbildung gesteuert wird. Seele war eine Kraft, die sogar leblosen Objekten zugesprochen wurde. Die Anziehungskraft eines Magneten oder eines Magneteisensteins erklärte man sich durch dessen so genannte Seele.

Die Idee dahinter heißt: Seele ist etwas, das wir an ihrer Wirkung, an ihren Auswirkungen erkennen. Das hat auf einer intellektuellen Ebene auch der Philosoph René Descartes so gesehen: »Daher ist dieses ›Ich‹ – die Seele also –, durch die ich bin, was ich bin, gänzlich verschieden vom Körper und leichter zu erkennen als der Körper und würde unfehlbar sein, was es ist, auch wenn der Körper nicht existierte.«

Das hört sich zunächst kompliziert an. Doch es heißt eigentlich nur: Eine nicht fassbare Energie hat den Vorrang vor dem Materiellen.

Und diese Vorstellung findet sich nicht nur in der Philosophie des 17. Jahrhunderts, sondern genauso in der Physik des 21. Jahrhunderts.

Da gibt es elektromagnetische Felder, Gravitationsfelder oder auch die Materiefelder, von denen die Quantenphysik spricht. Gemeinsam ist all diesen Feldern: Sie sind nicht Zustände der Materie, sondern des Raums. Und deshalb mit dem Seelischen so gut zu vergleichen.

Die Suche nach der Seele ist die Suche nach einem Prinzip, das die Struktur der Welt erhält und die der einzelnen Organismen. Wie Goethes Faust will jeder wissen, was denn »die Welt/ im Innersten zusammenhält«. Die Frage stellt sich jedem, dem bewusst ist: Wenn ich als Erwachsener vor dem Spiegel stehe, dann sehe ich nichts mehr von dem, was in meiner Kindheit da war. Sämtliche Zellen, Eiweiße und alle anderen chemischen Bestandteile sind längst ausgetauscht. Woher also wussten sie alle, wie sie mich, also meine wiedererkennbare Struktur, erhalten? Wie sie mich ständig neu zusammenbauen? Wer liefert ihnen den Plan?

Um diese Frage zu beantworten, haben auch Biologen Feldtheorien übernommen: Dass die Teilchen sich richtig benehmen und sortieren, ist dem guten Einfluss eines Felds zu verdanken. Der amerikanische Neuroanatom Harold Saxton Burr machte dazu in den 1930er Jahren bei lebenden Zellen aufregende Entdeckungen. »Blueprint for Immortality« - also »Bauplan für die Unsterblichkeit« - heißt der Titel, unter dem er sie für das breite Publikum veröffentlicht hat. Und das zeigt, welche Bedeutung in seinen Augen die elektrodynamischen Felder hatten, die er nachweisen konnte - zum Beispiel durch Messungen an Froscheiern: »Wir benutzten Mikro-Pipetten, die mit Salzlösung gefüllt und mit dem Volt-Meter verbunden waren und stellten unterschiedliche elektrische Spannungsgefälle fest, die auf verschiedenen Achsen über die Eier verliefen. Wir markierten die Achse des größten Spannungsgefälles mit Tupfen von blauem Farbstoff und fanden später, als sich die Eier entwickelten: das Nervensystem des Frosches wuchs immer entlang eben jener Achse. Das war ein Anzeichen dafür, dass das Feld ausschlaggebend ist - die Matrix, welche die lebende Gestalt formt.«

Danach stellte Burr fest, dass sich dieses Phänomen auch bei anderen Experimenten nachweisen ließ. Zum

Beispiel bei genetischen Versuchen mit Mais. Wurde nur ein einzelnes Gen verändert, ergab sich beim Keimling ein stark verändertes Spannungsmuster. Burr schloss daraus, dass die Chromosomen offenbar die Entwicklung der Zelle auch über das elektrodynamische Feld steuern.

Die Felder sind also nichts anderes als Einheit stiftende Prinzipien, die dafür sorgen, dass eine Struktur erhalten bleibt. So wie sie es möglich machen, dass ein Mensch sich vor dem Spiegel immer wiedererkennt, sorgt die Seele dafür, dass er sich als ein kontinuierliches geistiges Wesen empfindet. Die biologischen Feldtheorien sind so gesehen moderne Formulierungen der antiken Idee der Entelechie: Sie vermuten eine Energie, die wie die Seele dafür sorgt, dass die in jedem Lebewesen angelegten Möglichkeiten auch verwirklicht werden.

Bereits in den 1920er Jahren hatte der russische Mediziner Alexander Gurwitsch die Idee eines morphogenetischen Felds, wie er es nannte, entwickelt, also eines nicht physikalischen Kraftfeldes, das Gestalt (*morphos*) erzeugt, indem es auf lebende Zellen einwirkt.

Der Biochemiker und Zellbiologe Rupert Sheldrake geht heute bei seinen Forschungen von der gleichen Idee aus: Felder steuern die embryonale Entwicklung und bringen die Form hervor. Deswegen bezeichnet auch er sie als ›morphogenetische Felder‹.

Wer sich an die Frage wagt, was die Welt im Innersten zusammenhält, möchte natürlich gerne die Weltformel finden – damit diese Frage ein für allemal und überall beantwortet ist. Sheldrake hat daher den erweiterten Begriff der »morphischen Felder« eingeführt, die räum-

lich und zeitlich nicht mehr auf die Dimension eines einzelnen Lebewesens beschränkt und auch nicht physikalisch nachweisbar sind.
Alles, was in solch einem Feld geschieht, wiederholt sich in einer Art Selbstverstärkung immer häufiger. Diesen Effekt nennt Sheldrake deswegen ›morphische Resonanz‹. Physikalisch messbar ist auch diese Resonanz nicht, sie kann nur durch Beobachtungen und Studien glaubwürdig gemacht werden. Sheldrake erklärt durch sie das Sprachenlernen der Menschen oder die Entwicklungssprünge von Tieren bis hin zur Evolution des ganzen Kosmos. Wer jedoch mit einer einzigen Idee alles erklären will, muss damit leben, dass sich Erklärungslücken auftun und dass Skeptiker aufgrund von Widersprüchen die Theorie in Frage stellen. Da zeigt sich die Überlegenheit der Mythen, die immer eine Unschärfe mitverkaufen.
Letztlich liegt ja dem Mythos von Amor und Psyche eine ganz ähnliche Idee zugrunde wie Sheldrakes Modellen: Es braucht eine Kraft, die dirigiert, ordnet, strukturiert, organisiert, die das zu erreichende Ziel kennt. Die Seele weiß, wo's langgeht, heißt die Einsicht in »Amor und Psyche«. Diese Psyche geht anschaulich den Weg, den sie gehen muss, auch wenn der nach menschlichem Ermessen unsinnig erscheint – so wie sich manche Versuchsergebnisse unserem Sachverstand entziehen. Psyche sucht nach der Vereinigung mit Amor – die Seele weiß, dass sie die Liebe braucht.
Wandern, suchen, um vollständig zu werden: Die Vorstellung von einer Seele, die nicht bleibt, wie sie zur Welt kommt, sondern sich entwickelt – das ist eine der haltbarsten in der Geistesgeschichte des Menschen.

Nur: In welchen Dimensionen kann sie wandern? Psyche wandert durch die Prüfungssituationen ihres *einen* menschlichen Lebens. Was Psyche angeht, ist der frühe Abschluss des Wanderlebens einleuchtend. Sie hat gefunden, was sie suchte: dass die Liebe ihrem Dasein auch dann Sinn gibt, wenn sie den Geliebten nicht besitzt.

Doch wenn die Seelen nicht so weit kommen in ihrem Erdendasein: Was dann? Stehen sie dann für immer und ewig auf einem Bahnhof, auf dem sie nur umsteigen wollten? Haben sie keine Chance mehr anzukommen?

Bestünde in mir nicht die Hoffnung auf ein künftiges Dasein, ich müsste mich aufhängen. Denn ich habe wohl gelebt, doch umsonst gelebt. Ich bin gewiss, weiterzuleben, denn ich spüre von der Gottheit verliehene Kräfte in mir, welche mich die Zeit weder offenbaren noch entwickeln ließ. Ich fühle mich befähigt, zehnmal mehr zu leisten, als ich's bis jetzt vermochte.

Johann Heinrich Füssli,
Maler, Zeichner und Kunstschriftsteller
*(*1741-1825*)*

Solche Menschen tröstet die Vorstellung, ihre Seele könne nach dem Tod noch einmal in diese Welt zurückkehren - in einem neuen Körper wiedergeboren werden. Sie baut der Gedanke auf, dass sie, wenn ihre Seele reinkarniert wird, ihre Fehler gutmachen können und neue, bessere Chancen bekommen.

Fast alle Religionen der Welt bieten ja daher mehr oder weniger offen die Möglichkeit an, eine einzige Seele könne mehrmals nacheinander in verschiedenen Körpern wiedergeboren werden. Metempsychose nennt sich das Phänomen auch. Oder ganz einfach: Seelenwanderung.

Lässt sich Reinkarnation beweisen?

Er ist gerade von seiner ersten Tibet-Reise zurück. Im Freundeskreis zeigt er erst einmal seine reiche und beeindruckende Fotoausbeute. Es ist schon ziemlich spät, als er dann vielsagend andeutet, auf einem Berggipfel, von dem er auf ein altes Kloster sah, habe er ein ganz besonderes Erlebnis gehabt. Die Freunde wollen Näheres wissen. Zuerst verweigert er geheimnisvoll lächelnd die Aussage. Schließlich rückt er damit heraus: Er habe plötzlich gewusst, dass er schon einmal auf der Welt war - als buddhistischer Mönch.
Plötzlich berichten auch die anderen davon, dass sie ein ganz ähnliches Gefühl kennen: »Ich war schon mal da.« Und als dann erzählt wird, wo und wie, stellt sich heraus: Alle waren etwas Großartiges oder zumindest Aufregendes. Pharao, König, Widerstandskämpfer, künstlerisches Genie, vielleicht gleich direkt Hölderlin oder Van Gogh.
Die einzige Skeptikerin am Tisch fragt: »Und wer war früher Putzfrau?«

Das Bedürfnis, etwas Besonderes gewesen zu sein, ist menschlich. Und es ist durchaus lukrativ. Denn sobald ein selbst ernannter Reinkarnationsexperte es bestätigt, gilt er als Guru, der für seinen Einblick in die Vergangenheit gut bezahlt wird. Verständlich, dass sich beim Thema Reinkarnation im Allgemeinen die Geister spalten in die einen, die daran blindlings glauben, und die, die es für Humbug halten. Die Gläubigen erklären die Zweifler für arme, noch nicht erhellte Trivialexistenzen, die Zweifler ihrerseits die Gläubigen für esoterisch verblasene Opfer von Seelenfängern.

Dass gerade naturwissenschaftlich denkende Menschen Probleme haben, an irgendeine Form der Reinkarnation zu glauben, verwundert nicht. Denn ob sie sich dessen bewusst sind oder nicht: Sie glauben an eine andere Lehre, die das Wesen und die Eigenschaften eines Menschen eindeutig zu erklären scheint mit biologischen Argumenten und die sich mit der Idee einer Wiedergeburt nicht verträgt - an die Vererbungslehre Darwins. Sie erklärt, dass der Mensch ausschließlich das Produkt von Faktoren sei, die außerhalb seiner selbst liegen. Der Vater, die Mutter, die Großeltern - ihre Beschaffenheit erklärt die seine.

Aber es drängt sich dann doch die Frage auf: Wer wäre ich denn, wenn ein anderer Mann mein Vater wäre? Wäre ich dann nicht ich?

Wir haben uns alle so sehr daran gewöhnt, die darwinistische Vererbungslehre als unumstößlich anzuerkennen, dass uns gar nicht mehr auffällt, wie unerträglich die Antwort ist, die sie auf die Frage anbietet: Warum bin ich, wie ich bin? Bei näherer Betrachtung erweist sich Darwins Lehre als gnadenlos fatalistisch. Da gibt es kein Ich als eine autonome seelische Einheit, die fortbesteht. Und das macht von vornherein die Vorstellung von Reinkarnation und Seelenwanderung unmöglich: »Der Gedanke der Seelenwanderung wird völlig sinnlos, wenn wir nicht zugleich eine Fortdauer des Ichbewusstseins als gegeben annehmen«, hat Arthur Schnitz-

ler gesagt. »Als ein anderer da gewesen sein, das heißt: überhaupt nicht da gewesen sein.«
Wer sich den Ideen von einer seelischen Kontinuität und Wiederkehr öffnet, macht es sich natürlich nicht bequem, denn er erkennt damit sein Schicksal als selbst gemacht an - es ist kein andrer daran schuld. Damit akzeptiert er, dass in allem, was er an Leid und Schmerz durchleidet, er nicht fremden, blinden Mächten, sondern sich selbst begegnet.

Das Schicksal ist nicht das unvermeidliche blinde Fatum, sondern die Aufgabe, die jeder Mensch bekommen hat; das Pensum, das er durchmachen soll. Die Theosophen nennen es Karma und glauben, es stehe im Zusammenhang mit einer Vergangenheit, an die wir uns dunkel erinnern. Wer früh sein Schicksal entdeckt und sich streng daran hält, ohne seins mit anderen zu vergleichen, ohne andere um deren milderes Geschick zu beneiden, der hat sich entdeckt, und er wird leichter das Leben leben.

August Strindberg in: ›Ein Blaubuch‹

So stark aus solchen Überlegungen heraus auch immer der Wunsch sein mag, an Reinkarnation zu glauben: Was viele daran hindert, ist das Gefühl, dadurch abergläubisch zu wirken oder zu sein.
Warum weist es denn keiner nach, wenn es so etwas gibt? Warum gibt es keine Belege dafür, dass Menschen reinkarniert werden können?

Viele sähen es gern, dass ein seriöser Akademiker mit wissenschaftlich anerkannten Methoden das ominöse Thema erforscht.
Leider sehen zu wenige, dass das längst geschehen ist: Prof. Dr. med. Ian Stevenson, Facharzt für Psychiatrie und Neurologie, Direktor der »Division of Personality Studies« am Health Sciences Center der Universität von Virginia in Charlottesville, beschäftigte sich bereits in den 1950er Jahren wissenschaftlich auf diesem Gebiet und publizierte 1960 erste Ergebnisse seiner gründlichen Studien. Was immer er, durch zahlreiche Zeugen gewissenhaft belegt und abgesichert, berichtet, klingt aber von Anfang an abenteuerlich.

Der kleine Junge hätte es eigentlich gut. Für indische Verhältnisse jedenfalls. Sein Vater, Bankeybehary Lal Sharma, ist Sanskritgelehrter und College-Professor, seine Mutter kümmert sich liebevoll um ihn, sein älterer Bruder ist nett zu ihm. Doch der Junge namens Parmod zeigt wenig Dankbarkeit. Er benimmt sich wie ein größenwahnsinniger Flegel. Mit zweieinhalb erklärt er seiner Mutter, sie solle sich die Kocherei sparen, das sei völlig überflüssig: Er habe eine Ehefrau, die das für ihn erledige. Sie wohne allerdings unpraktischerweise in Moradabad, einer Stadt, die über hundert Kilometer entfernt liegt. Die Eltern schütteln den Kopf. Das wird sich schon legen. Doch es wird nur schlimmer mit Parmod, denn als er vier ist, faselt er davon, ihm gehöre eine Keksfabrik, er produziere Sodawasser und habe diverse Geschäfte und ziemlich viel

Geld; jedenfalls lebe er hier, in dieser Familie, deutlich unter seinem Niveau. Dass er den Quark, den die Mutter ihm hinstellt, nicht essen mag, erklärt der Bengel damit, dass er schwer krank geworden sei, nachdem er zu viel Quark in sich reingestopft habe.
Wann denn bitte, wollen die Eltern wissen, die sich daran nicht erinnern.
»In meinem früheren Leben«, informiert sie ihr Sohn ganz selbstverständlich.
Spinnt er? Oder ist er ein raffiniertes Biest, das so das gesunde Essen vermeiden will, weil es ihm nicht schmeckt?
Peinlich genug, dass sich auch noch herumspricht, was der Kleine für Hirngespinste hat. Dass er dauernd davon redet, er stamme aus Moradabad, aus der Familie Mehra. Dass er schreit und heult, weil er unbedingt dorthin will. Über einen Freund des Vaters kommt das sogar dieser Familie zu Ohren. Doch ein überfallartiger Besuch der Mehras geht schief: Parmod ist nicht da. Seine Eltern sehen zunächst wenig Sinn darin, mit ihm nach Moradabad zu fahren. Was soll es schon bringen, das wirre Gerede des Kindes ernst zu nehmen? »Wenn du erst mal richtig lesen und schreiben kannst, dann fahren wir zusammen mit dir hin«, vertröstet ihn die Muter. Parmod protestiert. Er habe es überhaupt nicht nötig, lesen und schreiben zu lernen und in der Schule herumzuhocken. Er wolle in seinem eigenen Betrieb arbeiten, wo er gebraucht werde – in Moradabad. Etwas befremdet stellt die Mutter

fest, dass ihr Sohn Wörter kennt, die er weder braucht noch gelernt hat: englische Wörter wie ›townhall‹, zum Beispiel, oder ›bakery‹.
Manche kindliche Marotten verschwinden, wenn man sie nur ignoriert. Nicht so bei Parmod. Der bleibt stur: Mit knapp fünf setzt er es durch, dass sein Vater mit ihm und einem Vetter nach Moradabad reist. Die Erwachsenen sind mittlerweile selber verunsichert und fragen sich: Was ist dran an dem Gerede von Parmod? Sie machen aus der Reise ein Testverfahren. Sie nehmen vorher mit der Familie Mehra Kontakt auf und lassen Parmod an der Bahnstation abholen. Karam Chand Mehra begrüßt den Kleinen, nennt aber nicht seinen Namen. Braucht er auch nicht. »Hallo, Karam Chand«, sagt Parmod. »Ich bin Parmanand.«
Außerhalb Indiens hätte man das Kind jetzt in psychiatrische Behandlung gegeben. Warum nennt er sich plötzlich Parmanand? Hier aber denken die Beteiligten das Richtige: Parmanand hieß ein Vetter von Karam Chand, der vor über sechs Jahren gestorben ist – im Mai. Und im Oktober des folgenden Jahres ist Parmod geboren worden.
Vor dem Bahnhof steht eine Tonga, ein zweirädriges Fahrzeug, von Pferden gezogen, wie es hier üblich ist. Der Kutscher weiß, dass er so fahren soll, wie es ihm Parmod sagt, der noch nie in dieser Stadt war.
Aber Parmod hat keine Probleme. Er weiß, wo er hinwill – in seinen Laden, wie er sagt –, und er

weiß auch, wo der liegt. Die Mehras versuchen ihn irrezuleiten, aber ohne Erfolg. Ganz in der Nähe des Ladens liegt die Townhall, die Stadthalle, von Parmod sofort als solche bezeichnet, obwohl nichts draufsteht und das Gebäude eher wie eine Moschee ausschaut. Und über dem Geschäft ist ebenfalls kein Name zu lesen, aber dort sind Kekse abgebildet. Kaum ist der Kleine drin, macht er sich wichtig: »Wer passt auf die Bäckerei und auf die Sodawasserfabrikation auf?«, fragt er, als wäre er der Boss. Und dann regt er sich auf: Warum man, bitte, seinen Sitzplatz vorn im Laden, wo er wie jeder indische Chef gesessen habe, verändert habe?

Karam wundert das allmählich nicht mehr: Schließlich haben sie nach dem Tod seines Vetters Parmanand den Sitzplatz wirklich verändert, und Parmanand war es auch gewesen, der die Bäckerei und die Sodawasserherstellung unter sich hatte. Jetzt begibt sich der Fünfjährige auf einen Kontrollgang. Und schon wieder gibt es Ärger: Die Sodawassermaschine geht nicht. Man hat das Wasser abgestellt, um den Kleinen zu prüfen. Die Maschine ist sehr kompliziert, doch für Parmod ist das kein Problem: Routiniert setzt er sie in Gang.

Dann gehen sie in das Haus, in dem Parmanand gewohnt hatte. Auch dort passt dem Kleinen alles Mögliche nicht: Im Schlafzimmer stört ihn ein Wandschirm. »Hast du das gemacht?«, fragt er streng Karam Chand. Der windet sich. »War das denn früher nicht hier?« »Nein«, erklärt Par-

mod, und alle wissen, dass er Recht hat: Erst nach Parmanands Tod hatten sie den Wandschirm als Raumteiler installiert. Dann kommt die Mutter des Toten herein - Parmod hat sie noch nie gesehen, redet sie aber sofort als Mutter an. Und als eine von Parmanands Töchtern auftaucht, erkennt er sie ebenfalls sofort. Jetzt wird es spannend: Er soll seine Frau erkennen, von der er ja seit Jahren redet. Aber zu einfach wollen es ihm die Erwachsenen nicht machen: Sie haben einen ganzen Club von Frauen eingeladen. Parmod schaut zwar nur eine an, aber er wirkt dabei verlegen. Es ist Parmanands Frau, und als sie ihn später fragt, warum er denn so verlegen gewesen sei, erklärt er, was ihn gestört hat: Sie hat sich nicht wie eine Ehefrau hergerichtet, sondern wie eine Witwe. Ehefrauen tragen farbige Saris und malen sich einen roten Punkt, einen Bindi, auf die Stirn. Doch sie hatte den weißen Sari der Witwen an, und, wie bei Witwen üblich, auch keinen Bindi auf der Stirn. Das empört Parmod - es muss ihn empören, denn schließlich fühlt er sich als ihr höchst lebendiger Ehemann. Allmählich verdichten sich die Anzeichen, dass Parmod nicht spinnt. Seine Eltern erfahren, dass Parmanand letztlich an den Folgen einer Magen-Darm-Erkrankung gestorben sei, die begonnen hatte, als er sich bei einer Hochzeit mit seiner Lieblingsspeise Quark hemmungslos überfressen hatte. Dass er sämtliche Familienmitglieder und auch den Hausarzt erkennt, wundert allmählich keinen mehr. Aber als er dann Yasmin, einen Bekannten der Familie, trifft und ihm als Erstes sagt: »Ich hab von dir noch einiges Geld zurückzubekommen«, wird es brenzlig. Yasmin wird informiert, es gehe um Schulden bei dem verstorbenen Parmanand Mehra, aber er bestreitet, welche zu haben. Da entsteht der Verdacht, Yasmin habe vielleicht nur Angst, jetzt zur Kasse gebeten zu werden. Sie versichern ihm, er müsse nichts zurückzahlen, aber die Wahrheit solle er doch bitte sagen. Da gibt er es zu.

Parmod kehrt mit seinen Eltern zurück. Sein Interesse an der Familie Mehra erlischt keineswegs; wird er bei einem Familienfest dort nicht eingeladen, ist er beleidigt. Doch ganz allmählich nimmt die Intensität des alten Lebens in seinem neuen ab. Er redet weniger und weniger davon. Nur wenn jemand wie der Forscher Stevenson auftaucht und ihn danach fragt, dämmert alles wieder herauf. Und dem sagt er auch als Zwanzigjähriger, es habe Nachteile und Vorteile, schon mal gelebt zu haben. Der Nachteil sei, dass er nie so konzentriert habe lernen können, wie er wollte – als wären da Energien abgezogen. Doch es gebe auch einen großen Vorteil: Die Gewissheit, dass mit dem Tod das Leben nicht zu Ende sei, mache ihn sehr ruhig und gelassen.

Ian Stevenson hat über Jahrzehnte hinweg Hunderte solcher Fälle gewissenhaft dokumentiert – in seiner Sammlung befinden sich 2600 –, die sich eigentlich nur durch Reinkarnation überzeugend erklären lassen.

Über siebzig Fälle hat er persönlich detailgenau recherchiert und den Werdegang dieser Menschen über Jahre hinweg weiterverfolgt.
Dadurch zeigten sich vier immer wiederkehrende Gemeinsamkeiten dieser Fallgeschichten.

1. Die vermutlich Wiedergeborenen fangen sehr früh an, über ihre Erlebnisse zu reden oder zu plappern, schon im Alter zwischen zwei und vier Jahren.
2. Mit fünf bis acht Jahren hören sie wieder auf, von sich aus über ihr früheres Leben zu reden.
3. Bei vielen hatte das frühere Leben ein gewaltsames Ende gefunden oder ein frühzeitiges durch Krankheit. Sehr oft erwähnen sie, wie sie zu Tode gekommen sind, oder geben Hinweise auf die Todesart, bei Mord sogar auf die Täter. Interessanterweise stimmten sogar angeborene Missbildungen wie narbenartige Hautveränderungen, Verkrüppelungen und Muttermale mit den Angaben überein, wo und wie sie in dem vorherigen Leben zu Tode verletzt worden waren.
4. In den meisten Fällen zeigen die Kinder Abneigungen, Ängste oder Vorlieben, die in ihrer neuen Umgebung ungewöhnlich sind. Die exotisch oder befremdlich wirken. Das kann Essen und Trinken angehen oder irgendwelche Gewohnheiten. Kinder, die in Birma unbedingt rohen Fisch essen wollen, was dort keiner tut, sich über die Hitze beklagen, was dort ebenfalls keiner tut, und sich beschweren, das Essen sei zu scharf, obwohl es die Birmesen so von Kindesbeinen auf gewohnt sind, fallen auf. Erst recht, wenn sie dann auch noch für das lässige Birma ungewöhnlich fleißig und äußerst schmerzun-

empfindlich sind. Zwanzig solcher Fälle hat Stevenson untersucht, und in allen behaupteten die Kinder, sie seien früher japanische Soldaten gewesen und im Zweiten Weltkrieg in Birma umgebracht worden.

Manchmal zeigten die Kinder auch Fähigkeiten, die sie im jetzigen Leben nicht erworben, sondern mitgebracht hatten aus dem früheren; zum Beispiel beherrschten einige Fremdsprachen, die keiner um sie her konnte oder auch nur verstand.

Der zeitliche Abstand zwischen dem Tod und der Wiedergeburt war unterschiedlich groß und lag im Durchschnitt zwischen vier Monaten - im Nordwesten der USA - und vierunddreißig Monaten - in Nigeria.

Selbstverständlich musste sich Stevenson absichern gegen Behauptungen, die Phänomene ließen sich auch anders erklären.

Zum Beispiel durch

1. Betrug. In keinem der Fälle hatten die Beteiligten, Kinder oder Eltern, irgendeinen Grund, eine Wiedergeburt vorzutäuschen. Denn so gut wie immer brachte das keine Vorteile, nur Nachteile. Kinder wurden oft sogar von den Eltern geschlagen, wenn sie von einem früheren Leben daherredeten, sich absonderlich benahmen oder nach dorthin ausrissen, wo sie sich zu Hause fühlten. Wenn ihre vorherige Existenz sich als eine wenig löbliche oder sogar kriminelle herausstellte, verlor die ganze Familie an Freunden und an Ansehen. Sagt ein Kind: »Ich bin ein hingerichteter Mörder«, und scheinen seine detaillierten Erinnerungen das zu belegen, so sorgt

das nicht für Sympathien. Auch das Interesse der Öffentlichkeit, der Medien, war fast überall den Familien unangenehm: Sie hätten niemals der Publicity wegen das Ganze vorgetäuscht.

2. Kryptomnesie. Jenes so genannte heimliche Gedächtnis wird den nach Stevensons Untersuchungen reinkarnierten Menschen oft unterstellt. Das heißt: Man vermutet, ein Kind habe seine Informationen nicht aus einer früheren Existenz, sondern weil ihm das irgendwann zugetragen worden sei aus einer anderen Quelle, die es vergessen hat. Damit lässt sich aber nicht erklären, dass die Kinder eine bestimmte Person, die sie nie zuvor gesehen hatten, in einer großen Menschenmenge sofort erkannten. Auch technische Fertigkeiten wie Parmods Kenntnis der Sodamaschine können nicht in Kryptomnesie ihre Ursache haben. Und schon gar nicht kann Kryptomnesie die starke, anhaltende emotionale Identifikation der Kinder mit ihrem Vorgänger erklären. Sie weinen über etwas, das diesem zugefügt worden war, und teilen seine Gefühle, seine Liebe und seinen Hass, seine Sympathien und Antipathien anderen Menschen gegenüber. Ein Siebenjähriger begehrt seine frühere Geliebte, auch wenn diese nun dreißig Jahre älter ist als er.
3. Außersinnliche Wahrnehmung. Käme die Information, über die das Kind verfügt, von außen, zum Beispiel durch telepathische Übertragung, dann wäre sie auf dem aktuellen Stand. Doch die Erinnerungen des Kindes sind beschränkt auf das, was der Vorgänger selbst erlebt hat. Wurde nach dessen Tod etwas in seiner Umgebung verändert, dann stößt

sich das Kind daran wie Parmod an dem unbekannten Wandschirm in seinem Schlafzimmer.

4. Besessenheit. In vielen Kulturen wird noch immer daran geglaubt, dass ein umherirrender Geist von einem Menschen eine Zeit lang Besitz ergreifen kann. Und zwar so, dass derjenige darunter leidet und sich besetzt, oft sogar qualvoll bedrängt fühlt. »Er ist besessen«, heißt es dann. Die exorzistischen Praktiken basieren ja auf dieser Vorstellung. Besessene scheinen wie von Sinnen zu sein: Sie verhalten sich anomal, befinden sich in einem extremen Ausnahmezustand. Kinder hingegen, in denen Wiedergeborene vermutet werden, zeigen keinerlei psychopathologisches Verhalten. Sie fühlen sich eins mit der anderen Person und ihr auf Dauer verbunden. Für ein normales Seelenleben dieser Kinder spricht auch, dass ihre Erinnerung an die frühere Existenz sich belebt und intensiviert, wenn sie an den entsprechenden Ort zurückkehren. Da fällt ihnen wie jedem von uns, der seine alte Schule oder sein Elternhaus nach langer Zeit wiedersieht, immer noch etwas und noch etwas ein.

Mit wissenschaftlicher Akribie hat Ian Stevenson in all seinen Fällen nachgewiesen, dass für die beobachteten Phänomene eine Wiedergeburt die plausibelste und einfachste Erklärung bietet. Er hat auch jene Geburtsmale untersucht, die besonders augenfällig mit den Erinnerungen an ein früheres Leben übereinstimmen. Sind sie genetisch nicht erklärbar, also in der Familie sonst nicht vorzufinden, fragt sich: Warum und wie entstehen sie dann? Stevenson vermutet, dass diese Male dadurch entstanden sind, dass die Seele eines Verstorbenen dem Embryo sichtbar ihren Stempel aufdrückt. Dass seelische Vorgänge zu körperlichen Veränderungen des Embroys führen können, ist aus anderem Zusammenhang nachgewiesen: Mütter, die eine bestimmte Entstellung ihres Kindes ohne Grund befürchten, gebären manchmal Kinder mit genau diesem Makel. Diese Autosuggestion, mit der auch Stigmatiker sich selber Wunden herbeiführen, scheidet in 25 von Stevensons Fällen jedoch als Erklärung für die Geburtsmale aus. Denn keine der Mütter hatte während der Schwangerschaft eine Vorstellung von dem Mal, mit dem ihr Kind dann zur Welt kam. Sie hatten es sich also nicht eingeredet, nicht selbst suggeriert, sondern sahen es erstaunt bei der Geburt. Das Kind konnte sie jedoch immer erklären - durch sein frühere Existenz. »Dort hat mich eine tödliche Kugel getroffen.« Oder: »Da hat mir einer den Messerstich zugefügt, an dem ich gestorben bin.«

Solche sichtbaren Zeichen verstärken möglicherweise die Bereitschaft, an Wiedergeburt zu glauben. Und die gewissenhafte Dokumentation, wie Stevenson sie liefert, mag auch manche Skeptiker überzeugen. Doch Ian Stevenson betont: Reinkarnation muss nicht in jedem Fall, der danach aussieht, völlig stichhaltig bewiesen werden. Um zu glauben, dass Reinkarnation möglich ist, genügt schon ein einziger Fall, bei dem auf keine andere Weise sämtliche Fakten besser erklärbar sind.

Wie die Seele eines Verstorbenen einen neuen Menschen mental und körperlich beeinflussen kann, muss bis heute Vermutung bleiben. Stevenson geht davon

aus, dass die freigesetzte menschliche Seele eine Art Energiefeld darstellt, das formbildend wirkt. Dieses Feld vermittelt dem noch nicht geborenen Kind auch die Informationen über das frühere Leben.
Der Vorgang der Reinkarnation lässt sich wissenschaftlich nicht beweisen. Umgekehrt aber lassen sich viele wissenschaftliche Unklarheiten durch die Annahme einer Reinkarnation beantworten.
Was Ian Stevenson als Resümee riskiert, klingt bescheiden. Doch es ist im Grunde atemberaubend: »In diesen Fällen haben wir dann im Prinzip, so glaube ich, einige Beweise dafür, dass der Mensch den physischen Tod überlebt.«

Weshalb so viele an der Wiedergeburt zweifeln

Telefonat mit einem Freund.
»Und woran schreibst du gerade?«, fragte er.
»Wir schreiben gerade gemeinsam an einem Buch.«
»Und worum geht's?«
»Darum, ob es nach dem Tod weitergeht, und wenn ja, wie.«
Kurzes Schweigen am anderen Ende der Leitung. »Also geht's auch um Reinkarnation«
»Selbstverständlich.«
»Obwohl ihr so gar keine Esoteriker seid?«
»Es geht doch nicht um uns.«
»Na gut, aber zwei moderne nüchterne Akademiker wie ihr können doch nicht an Reinkarnation glauben. Es kann sich doch jeder ausrechnen, dass das nicht aufgeht.«
»Wie meinst du das?«
Er seufzt etwas ungeduldig über so viel Begriffsstutzigkeit.
»Bekanntlich wächst die Weltbevölkerung jährlich um zig Millionen. Wo sollen denn die ganzen neuen Seelen herkommen?«

Vernunftgesteuerte Menschen sind unentbehrlich. Denn sie lassen sich nicht von schönen Phantasien einlullen, sie wollen überzeugt werden. Mit dieser Tatsache hatte sich bereits Platon herumzuschlagen. Deshalb formulierte er nicht nur die Vorstellung von der Metempsychose, der Seelenwanderung, sondern eine Alternativlösung, die zuerst einmal etwas befremdlich klingt: »Metensomatose« nannte er sie. Und der Begriff verrät bereits, worum es geht: Eine Seele wird in mehreren Körpern - *soma* heißt Körper - wiedergeboren. Sie teilt sich in verschiedene Existenzen auf, deren Zahl und Gestalt ganz unterschiedlich sein kann.

Der Gedanke, dass die Seele gesplittet wird, begeistert vermutlich diejenigen, die in der Wiedergeburtsidee etwas Tröstliches finden, nicht besonders. Was, fragen sie sich, habe ich davon, dass meine Seele wiedergeboren wird, wenn ihre Einheit nicht erhalten bleibt? Dann geht doch das verloren, was Schnitzler recht einleuchtend »Fortdauer des Ichbewusstseins« genannt hat. Schließlich finden es auch nur wenige begehrenswert, eine gespaltene Persönlichkeit zu sein.

Wem die Idee einer Metensomatose aber gefällt, der wird dem entgegenhalten: Wer sagt denn, dass sich die Seele nicht genauso wie der Körper beim Kinderkriegen multiplizieren kann? Warum sollte nicht jede der neuen Existenzen das Ich-Bewusstsein der Herkunftsseele in sich tragen, aber keiner weiß von der anderen? »Ich finde es«, sagt einer von dieser Fraktion dann, »sehr viel beruhigender, dass meine Seele mehrere Chancen gleichzeitig bekommt, sich zu läutern und vielleicht ins Nirwana zu erlösen. Kann ja sein, dass ein Hundeleben dabei ist, aber möglicherweise auch ein abgeklärtes reifes Dasein.« In gewisser Hinsicht entspricht die Metensomatose ja durchaus unserem westlichen Denken, wo es im Allgemeinen als beruhigend empfunden wird, etwas in Zweit- oder Drittausgabe zu besitzen: das Zweitauto, den Zweitwohnsitz, den Zweitpartner, der als Lückenbüßer bereitsteht. Die Fans der Metensomatose vermeiden es auch in ihrem aktuellen Leben möglichst, endgültige und eindeutige Entscheidungen zu treffen, und halten sich gern ein Hintertürchen offen. Sie heiraten den langjährigen Partner nicht, weil ja vielleicht noch etwas Besseres kommen könnte, oder ziehen gar nicht erst zusammen, um von vornherein die Situation zu vermeiden, dass der Partner irgendwann auszieht.

Dass die freigesetzte Seele eines Verstorbenen in einigen Reinkarnationslehren nicht unbedingt sofort einen neuen Wohnsitz zugeteilt bekommt, liefert denjenigen, die an der Wiedergeburt Zweifel hegen, das nächste Argument: Wo sollen die armen Seelen denn hin? Wo halten sie sich denn in der Zwischenzeit auf?

Der Neuroanatom Harold Saxton Burr hat die Vorstellung einer für uns nicht begreifbaren Dimension außerhalb unseres Raum- und Zeitkontinuums vorgeschlagen. Und der Reinkarnationsforscher Ian Stevenson hat sogar einen Begriff geprägt für jenen Ort, der vorübergehend die Körperheimat ersetzt, diesen virtuellen Ort der Zwischenlagerung: Er nennt ihn ›Psychophore‹, zu Deutsch Seelenträger. Er bezeichnet sie als ein Vehikel, das die Erinnerungen des Verstorbenen, seine Erfahrungen birgt und dann in einen neuen Körper transportiert. Wie wir uns dieses Seelengefäß vorstellen sollen? Laut Stevenson wie ein morphisches Feld, das nun das morphogenetische Feld des wachsenden Embryos beeinflusst und prägt, ihm also das seelische und körperliche Wissen eines früheren Schicksals überträgt.

Wer nicht an Wiedergeburt glauben kann, selbst wenn er es wollte, behauptet meistens, es gebe da ein technisches Problem: Wie soll das funktionieren, dass eine Seele in einen neuen Körper eindringt und von ihm Besitz ergreift? Was geschieht an den Schnittstellen zwischen Seele und Körper, also zwischen Geist und Materie?

Genau dieser Frage geht eine Forschergruppe um Robert G. Jahn und Brenda J. Dunne seit mehr als zwei Jahrzehnten systematisch nach. Ihr Team in Princeton besteht aus Ingenieuren und Anthropologen, Physikern und Psychologen. Sie gehen aus von einer verblüffenden Erkenntnis der Elementarteilchenphysik: dass Licht und Materie sich einmal wie Teilchen, ein andermal wie Wellen verhalten. Die Forscher stellten nun die Hypothese auf, dass wir vielleicht nur deswegen Licht und Materie auf diese zwei verschiedenen Weisen erfahren, weil unser Bewusstsein genauso beschaffen ist, also auch diese zwei komplementären Eigenschaften aufweist. Allerdings ist im westlichen Denken nur eine von beiden geläufig: das individuelle Bewusstsein im einzelnen Körper, das nur mit seiner nächsten Umgebung in Dialog treten kann. Wie Gasmoleküle, die nur mit ihren unmittelbaren Nachbarn zusammenstoßen. Dann ist es unmöglich, zu erklären, wie ein individuelles Bewusstsein mit einem anderen telepathisch kommunizieren kann über riesige Entfernungen hinweg.

Analog zum Wellenverhalten von Licht und Materie lässt sich aber auch ein wellenartiges Bewusstsein denken, das sich problemlos über ungeheuer große Distanzen ausbreiten kann. Das also weit entfernte Empfänger erreicht. Die bereits beschriebenen Rhine-

Experimente zur außersinnlichen Wahrnehmung haben ja gezeigt, dass es eine solche, mit herkömmlichen physikalischen Gesetzen nicht erklärbare Kommunikation gibt. Durch die Wellen-Metapher der Jahn-Dunne-Gruppe wird anschaulich, wie sie funktionieren könnte.

Dieselbe Forschergruppe befasst sich seit langem auch mit der Beeinflussung von Materie durch Gedanken. Versuchspersonen ist es gelungen, nur durch geistige Konzentration elektronische Zufallsgeneratoren zu beeinflussen, also Geräte, die in völlig zufälliger Abfolge Signale erzeugen. Ebenso schafften es Probanden, die in jedem Physikbuch beschriebene Gesetzmäßigkeit zu verändern, nach der sich eine große Anzahl zufällig fallender Kugeln immer ganz genau in einer bestimmten geometrischen Form, der sogenannten Gauß-Kurve, ordnet: Auch wenn der Einfluss äußerst geringfügig war, belegt er doch, dass mentale Energie ordnend in physikalische Prozesse eingreifen kann. Diese Experimente liefern also ein Erklärungsmodell dafür, wie die Seele eines Verstorbenen einwirken könnte auf den Organismus eines wachsenden Embryos.

Dass eine Seele Materie beeinflussen kann, hält auch jeder für glaubwürdig, der einmal nach dem Tod eines nahe stehenden Menschen paranormale Erlebnisse gehabt hat.

Sie ist jung gestorben und völlig unerwartet. Ein eng mit ihr befreundetes Paar, bei dem sie kurz vor ihrem Tod noch zu Besuch war, fährt von der Beerdigung nach Hause. Und stellt am nächsten Morgen fest, dass in dieser Nacht eine Armband-

uhr - die einzige Quarzuhr in ihrem Haushalt - exakt eine Stunde lang stehen geblieben ist und dann ganz normal weiterlief. »War sie da?«, fragen die beiden sich verwirrt. ⥤

Das würde heißen, dass sie anwesend war, aber nicht mit den gewohnten fünf Sinnen direkt wahrgenommen werden konnte.
Schließlich bemerken wir auch die Radiowellen, die überall unterwegs sind, nicht, wenn wir kein Radio anstellen, das sie empfängt. Es fehlt die Antenne, um die Nachrichten der Seelen, die unterwegs sind, zu empfangen. Ist das, was wir als den »sechsten Sinn« bezeichnen, möglicherweise eine solche Antenne, die bei stark betroffenen Hinterbliebenen ganz kurz ausgefahren wird?
Ob es einem leicht fällt, an solche Vorgänge zu glauben, oder nicht: Wer sich mit dem Wiedergeburtsgedanken anfreundet, liegt nicht mehr im Krieg mit dem uralten menschlichen Problem: Warum gibt es Menschen, die, ohne böse zu sein, mit derart vielen Leiden und Sorgen geschlagen sind? Das karmische Prinzip erklärt die Häufung von Unglück auf dem Schicksal eines Menschen mit dessen seelischer Vergangenheit. Einen gläubigen Christen, in dessen Gedankenwelt die Reinkarnation nicht vorkommt, muss das hingegen in abgrundtiefe Zweifel an einem guten Gott stürzen.
Und diese Zweifel sind legendär.

Der hat doch längst den Überblick verloren

Wie können wir an einen ungerechten Gott glauben?

Der Mann ist weit und breit der Reichste. Glücklich und zufrieden ist er außerdem. Natürlich wird er beneidet und bekämpft von den Missgünstigen, aber sein Besitz wächst und wächst, seine Geschäfte scheinen gegen alle Risiken und Konkurrenten gefeit. Und er selbst spricht gern darüber, wem er diesen sensationellen, offenbar unerschütterlichen Erfolg verdankt: seiner mustergültigen Lebensweise, die dem obersten Boss derart gut gefällt, dass er ihm eine absolut sichere Karriere als Gegenleistung bietet. Schließlich sei er dessen bester Vertreter, mache ihn populär und wichtig, denn jeder sagt sich angesichts dieses Erfolgs: »Wer immer den Kerl protegiert, hat offenbar unbegrenzt Einfluss und Macht.«
Doch dann passiert es: Ein intriganter Einflüsterer ist zu Gange. Und es gelingt ihm tatsächlich, den obersten Boss in seinem Vertrauen auf jenen besten Mann wankend werden zu lassen. »Es geht ihm gut«, sagt der Einflüsterer, »und nur deswegen glaubt er an dich. Der wähnt sich sicher wie bei einem Kuhhandel: Er zahlt mit Gefolgschaftstreue und absoluter Zuverlässigkeit, und du revanchierst dich, indem du ihn unbehelligt lässt von den Krisen und Katastrophen, die du anderen zumutest. Aber du kannst dir dieses windigen Kandidaten doch nicht wirklich sicher sein. Wenn du nichts riskieren willst, solltest du ihn unbedingt einmal testen.«

Um es kurz zu machen: Der Boss kippt um. »Und was soll ich tun, um seine Treue und Ergebenheit zu überprüfen?«

»Lass es ihm richtig dreckig gehen«, empfiehlt der schlaue Intrigant. »Nimm ihm alles, was er hat. Seinen Grundbesitz, seine Vermögensgrundlage, seine Familie, sein Zuhause, wenn's geht auch noch seine Gesundheit. Und dann wollen wir mal sehen, ob er noch immer das Hohe Lied auf dich singt.«

Vom Misstrauen infiziert, macht der Boss alles wie von seinem teuflischen Unternehmensberater empfohlen. Doch der bekommt erst einmal nicht Recht. Der Musterkandidat verzweifelt mehr und mehr, fügt sich aber dem schrecklichen Schicksal und fragt den Boss, an den er in jeder Hinsicht glaubt, nur fassungslos: »Wie kannst du das zulassen? Was treibt dich, mich derart zu strafen, wo ich mir nichts, aber wahrhaftig gar nichts habe zu Schulden kommen lassen? Wo bleibt deine viel gerühmte Gerechtigkeit?«

Doch er denkt nicht dran, aufmüpfig zu werden oder den Vertrag zu kündigen.

Eines ahnt er nicht: dass er damit triumphiert. Nicht nur über den teuflischen Berater, auch über den angebeteten Boss. Denn der steht nun dumm da: Er schämt sich, weil er öffentlich ins Unrecht gesetzt worden ist. Keiner kann ihn mehr für gerecht halten. Und er denkt fiebrig darüber nach, wie er diesen Imageverlust wieder ausbügeln kann.

Die alttestamentarische Geschichte von Hiob gehört von jeher zu den problematischen Kapiteln für Juden und Christen. Doch der Psychologe Carl Gustav Jung erkannte in ihr die Möglichkeit, die Grundlage des Neuen Testaments zu erschüttern. Dort ist es einwandfrei festgeschrieben, dass der Opfertod Christi dazu diente, die Sünden der Menschheit zu sühnen. Jung hingegen deutete diese Aktion um in eine Goodwill-Aktion Gottes: Er hat sich schließlich gar nicht göttlich, sondern sehr schwach und menschlich benommen. Nun denkt er sich eine große Geste aus, mit der er den erschütterten Glauben an seine Größe retten möchte. Er schickt als Teil von sich seinen Sohn in die Welt und lässt ihn hinrichten. Durch dessen Opfertod sühnt er seinen eigenen Fehler.

Jungs Vorschlag: Jahwe, jenen Gott des Alten Testaments, einmal anders zu sehen, nämlich als ein Wesen, das Mensch werden will, um erst im Laufe seiner eigenen Entwicklung gut und vollkommen zu werden. Das klingt zuerst einmal frech, sogar gotteslästerlich. Wenn aber Gott unendlich gerecht und gut ist, allmächtig und weise von Anbeginn an, dann könnte es ihm nicht passieren, dass er auf einen Typen wie jenen teuflischen Intriganten hereinfällt. Jung bietet damit eine gewagte Antwort an auf die alte heikle Frage, die zentrale Frage von Hiob: Wie kommt das Böse, das Schlechte, das Leiden überhaupt in die Welt? Jungs Deutung der Hiob-Geschichte, Gott sei nicht von vornherein perfekt, sondern quasi ein »God in progress«, kann natürlich nicht jeden für sich gewinnen. Umgetrieben hat dieses Dilemma die Gläubigen schon immer: dass ein guter Gott keine von Bosheit und Neid, Angst und Schrecken, Krankheit und Krieg gezeichnete Welt geschaffen haben könne. Daher gibt es auch verschiedene Versuche, diesem vermeintlich unlösbaren Widerspruch zu entkommen. Schon in der Gnosis und der Stoa wurde wie gesagt versucht, Gott zu rechtfertigen. Den berühmtesten Versuch unternahm der Philosoph Gottfried Wilhelm Leibniz; 1710 erschien sein klassisches Werk zu dieser Frage, die ›Essais de theodicée‹. Theodizee bedeutet wörtlich ›Gottrecht‹ (von griechisch *theos* für Gott und *dike* für Recht).

Leibniz unterscheidet zwischen verschiedenen Sorten Übel. Und er versucht zu erklären, dass diese vermeintlichen Übel ihren Sinn haben, denn sie sind nicht dazu da, den Menschen zu zerstören, vielmehr dazu, ihm die Chance zur Vervollkommnung zu geben. Beschwere dich nicht, wenn dir Übles widerfährt ohne ersichtlichen Grund, dass Gott nicht mehr vorhanden sei. Sieh endlich ein, dass es deine Aufgabe ist, aus dieser Welt eine bessere zu machen.

Ein möglicher Ausweg: Die Zuständigkeit für die Abteilung Böses wird delegiert an ein anderes Wesen, das die göttlichen Konzepte hauptberuflich sabotiert. Anschauungsmaterial dafür liefert die Bibel in dem alttestamentarischen Buch Henoch.

☞ *Zweihundert Engel wissen nichts Besseres zu tun, als ohne jeden göttlichen Auftrag auf die Erde hinabzusteigen, und offenbar bekommt Gott zuerst einmal nichts davon mit - was Zweifel an seiner Allwissenheit nahe legt. Dort unten verraten sie Herrschaftswissen: Sie bringen den Menschen Wissenschaften und Künste bei und erweitern so das menschliche Bewusstsein. Nur konsequent, dass sie sich auch noch körperlich mit den Menschen verbinden und mit deren*

Frauen Riesen zeugen. Und diese nimmersatten Riesen fressen undankbarerweise die Früchte auf, von denen sich die Menschen ernähren, so dass die anfangen, Tiere zu schlachten und zu essen. Zu guter Letzt verzehren dann die Riesen die Menschen. Dieses Gemetzel ist nun kaum mehr zu ignorieren, denn das Wehklagen schreit zum Himmel. Vier Erzengel referieren Gott die Zustände auf Erden, und er beschließt einzugreifen: Seine Racheaktion ist die Sintflut. ⥼

Die übergroßen Riesen sind Sinnbild für die Hybris, für die Vermessenheit: Sie haben offensichtlich das menschliche Maß verloren. Sie sind nicht wirklich groß, sie sind größenwahnsinnig. Gegen diese Inflation irdischen Selbstbewusstseins richtet sich die Sintflut – ein Gegenschlag, der diese Welt der intellektuellen Selbstherrlichkeit mit der Macht des Unbewussten überschwemmt. Denn die ist stärker als alle Vernunft.
Wie das Böse in die Welt kam, wird damit erklärt: Die Menschen bekamen etwas in die Hand, wofür sie nicht geschaffen sind. Handelt es sich im Buch Henoch um geistige Fertigkeiten, so war es zuvor in den griechischen Mythen das Werkzeug zur Schaffung einer eigenen Kultur: das Feuer, das Prometheus den Göttern gestohlen hatte und den Menschen überreichte. Und die verbrannten sich im wahren Wortsinn die Finger an diesem göttlichen Element, denn sie benutzten es nicht nur zu guten Zwecken, sondern vor allem, um einander versengend zu bekämpfen. Das Grundmuster dieser Geschichten ist auch identisch mit der von Adam und Eva: Indem sie ihm unerlaubterweise den Apfel vom

Baum der Erkenntnis reicht, provoziert sie die Vertreibung aus dem Paradies, und damit kommt das Übel in die Welt - einer ihrer Söhne wird bereits zum Mörder seines Bruders.
Die Warnung ist unüberhörbar: Der Mensch soll sich nicht vergreifen an dem, was zu groß ist für ihn. Auch beim Turmbau von Babel werden die Folgen der Vermessenheit drastisch geschildert: Wer in den Himmel bauen will und keine Grenzen anerkennt, wird für diese Hybris bestraft. Die Medien brüsten sich heute stolz, wenn sie ein weiteres Tabu brechen, als wäre es ein Hindernis, das unbedingt beseitigt werden müsse. Doch im polynesischen Glauben schützt das Tabu, das Verbot, den Menschen vor etwas, was ihm tödlich gefährlich werden könnte: vor dem Mana, der göttlichen Kraft. Wer ein Tabu bricht, geht also bewusst das Risiko ein, von jenem Mana überwältigt zu werden.
»Der Mensch ist das Maß aller Dinge« - gern benutzen Forscher diesen Satz, um zu rechtfertigen, dass sie alles tun, was menschenmöglich ist. Was der Mensch kann, ist er zu tun berechtigt, heißt die Moral, die sie aus jenem Satz ableiten. Kann er Atombomben bauen, Gen-Food züchten, das Erbgut manipulieren und eigene Geschöpfe schaffen, dann darf er das auch - weil er das Maß vorgibt. Dabei meint das geschätzte Zitat das Gegenteil: Das Menschliche ist jene Maßvorgabe, über die wir nicht hinausbegehren sollten. Und wer das Gespür für das Angemessene bewahrt, wird kein göttliches Tabu verletzen. Nie war es aktueller, sich auf die Folgen der Vermessenheit zu besinnen, als jetzt.
»Seit Menschen sich auf typisch westliche Weise an die ›Arbeit‹ gemacht haben, geht die Schöpfung in ihre

zweite Woche«, schreibt der Philosoph Peter Sloterdijk in seinem Essay »Die wahre Irrlehre. Über die Weltreligion der Weltlosigkeit«. Arbeit meint hier die Einmischung in einen Vorgang, in den sich Menschen nicht einmischen dürfen. Sie wollen, diagnostiziert Sloterdijk, »den Prozess der Schöpfung offen halten«, sich also zu Schöpfungsgöttern erheben.

Das zeitigt traditionsgemäß Folgen. Mit den gefallenen, also vom Himmel herabgestiegenen Engeln und der satanischen Schlange in der paradiesischen Idylle wird versucht zu erklären, wie das Böse in die Welt kommt. Das beantwortet aber nicht die Frage, wie das Böse im Angesicht Gottes überhaupt entstehen konnte. Wie konnte Gott, die Hände im Schoß, zusehen, wie aus echten Engeln falsche wurden, wie Lichtgestalten zu Figuren der Finsternis mutierten? Ganz lasterhaft gefragt: Liegt der Fehler vielleicht bei uns, an einen reinen, makellosen Gott zu glauben, den es gar nicht gibt?

Wer ist denn für das ganze Übel verantwortlich?

Die lauteste Zeitung im Land beschließt: Es ist Zeit, sich an die oberste Instanz zu wenden. Sie wählt die größtmögliche Schrift für die Frage, mit der sie allen aus dem Herzen zu sprechen hofft. »Gott, wo warst du?« Die Zeitungskästen auf den Straßen sind bereits am Vormittag leer, obwohl die Geschichte, um die es geht, schon an den Tagen zuvor berichtet worden ist: Wieder einmal ist ein kleines Mädchen entführt, vergewaltigt und bestialisch ermordet worden. Die Leute lesen den pathetischen Vorwurf auf dem Boulevardblatt, sagen »Genau!« und fragen sich, ob sie nicht vielleicht doch aus der Kirche austreten müssten.

Dass Gott allwissend und allmächtig sein muss, finden die meisten Gläubigen einleuchtend: Sonst kann er sich nicht um jeden Einzelnen kümmern. Was ihnen nicht eingehen will, ist, dass er das offenbar gar nicht vorhat. Die meisten Religionen haben daher das Problem, dass ihre Lehren vom alltäglichen Leben andauernd widerlegt werden. Neu ist das nicht, wie antike Anekdoten belegen.

Ein Priester zeigt dem Philosophen Diagoras die Votivtafeln der Geretteten an der Küste von Melos. »Nun wirst du an der Existenz der Götter nicht mehr zweifeln können«, sagt er.

»Und wo«, fragt Diagoras, »ist die Liste der Ertrunkenen?« ⇸

Um den Widerspruch aufzulösen, dass Gott sich nicht an die eigenen Abmachungen zu halten scheint, hilft manchmal nur noch Ironie.

⇷ *Ein Muslim deutet auf den Spruch: »Allah segnet, die sich früh erheben.« Und sagt zum Mullah: »Was für ein Unsinn! Ich bin vor Tagesanbruch aufgestanden, um hier zu beten. Räuber überfielen mich und raubten mir meine Börse.«*
»Die Räuber«, sagt der fromme Mann, »waren offenbar noch früher auf den Beinen.« ⇸

Allen Erfahrungen zum Trotz möchten aber die meisten weiterhin an einen vollkommenen Gott glauben. Und die Kernfrage, wie er denn das Böse zulassen kann, wird von den Gläubigen eifrig verdrängt, denn sie haben Angst, ihr Bild von Gott einmal in aller Konsequenz in Frage zu stellen. Und zu bohren: Warum denn bitte gibt es schon vor dem Sündenfall im Paradies einen Satan? Wie kann es denn mitten im Himmel passieren, dass sich die Engel in zwei Fraktionen aufspalten - in die braven Getreuen Gottes und die Terroristen, die das Gute sabotieren wollen?
Wer diese Fragen nicht wegschiebt, steigt entweder aus seiner Religion aus, oder er sucht nach Lösungen, Gott freizusprechen von der Verantwortung für alles, was böse, übel und ungerecht ist in der Welt - ein Einsatz, den Gott eigentlich nicht nötig haben dürfte. Es scheint ja eher peinlich, dass er irdische Anwälte

braucht, um als ›nicht schuldig‹ den Gerichtssaal verlassen zu dürfen.
Doch unermüdlich haben sich Philosophen und Theologen dieser heiklen Aufgabe gewidmet. Und nach Modellen gesucht, die ohne die prekären Widersprüche funktionieren.
Eine verblüffende Lösung formulierte der spätantike Platon-Verehrer Plotin. Er machte den genialen Vorschlag, nicht an Gott zu zweifeln, vielmehr an unserer selbst gebastelten Vorstellung von Gott. Der stille, uneitle griechische Denker, von seinen Mitmenschen wie ein Heiliger verehrt, erdachte sich ein weises Delegationssystem: Er entband Gott von allen Ämtern, bei denen der sich irgendwie in Schuld und Verantwortung hätte verheddern können. Und es gelang ihm aufzuzeigen, dass die Existenz des Bösen nicht verwunderlich ist, sondern absolut selbstverständlich.
Gott ist etwas Unbegreifbares. Versuchen wir also, sagte sich Plotin, gar nicht erst, ihn begreifen zu wollen. Belassen wir ihn in jener Sphäre, die sich uns entzieht: außerhalb dessen, was wir uns vorstellen können. Dieser Gott agiert nicht, er existiert einfach und ruht in sich. Er denkt nicht daran, sich einzumischen. Was immer entsteht, entsteht nur dadurch, dass dieses göttliche Wesen übervoll ist. Und was von ihm überquillt, reicht aus, um einen Kosmos werden zu lassen – ohne dass dieser Gott sich dabei als Schöpfer ins Zeug wirft. Dieser Gott steht oberhalb und außerhalb der Welt, die wir erfahren und verstehen können: Er strahlt nur ab, und alles, was existiert, alles, was wir von ihm kennen, ist nicht mehr als sein Abglanz. Wie aber führt der Weg von diesem höchsten, für immer makellosen Wesen hin

zu unserer materiellen Welt mit all ihren katastrophalen Mängeln?
Nach Plotins Vorstellung führt dieser Weg über vier Stufen, die von jenem höchsten Wesen abwärts führen. Auf der ersten steht der Geist, die reine Welt der Ideen im Sinn Platons.

Es geht dabei bekanntlich nicht um Ideen, die von einem schlauen Hirn erzeugt werden. Idee bedeutet hier vielmehr das Wesentliche, das ewige Prinzip, den Bauplan jeder irdischen Erscheinung. Ob es um einen Baum oder ein Tier geht, um Tisch oder Bett. Bei allem, was wir sehen, spüren, anfassen können, sagt Platon , handle es sich ja nur um Einzelexemplare, um Konkretisierungen der zeitlosen Ideen. Dummerweise jedoch neigten die Menschen dazu, das zu verwechseln und das Materielle für das Eigentliche zu halten.

Auf der Stufe darunter steht die Weltseele, also eine alles durchdringende überindividuelle Seele.
Auf Stufe drei steht dann die Einzelseele, die bereits menschlich ist und alles andere als vollkommen, aber immerhin den göttlichen Funken der Weltseele in sich trägt. Ob sie ihn entdeckt und entfacht oder gar nicht bemerkt, hängt davon ab, wie weit sie auf dem Weg nach innen vorankommt. Diese Vorstellung erinnert stark an die indische von Brahman und Atman, wo jede menschliche Seele - Atman - die Chance hat, in sich die göttliche - Brahman - zu entdecken.
Auf dem untersten Treppchen steht die Materie, die

weit entfernt ist von dem Göttlichen: Sie ist dunkel und leider schlecht. Materie meint alles Stoffliche, alles Körperliche, die Welt der physischen Erscheinungen um uns her.

Dass es das Böse bereits im Paradies gibt, wird durch Plotins Denkmodell verstehbar. Die Schöpfung ist bereits der Beginn des Sündenfalls. Und der Begriff Sündenfall selbst entspricht ebenfalls Plotins Vorstellung: Es ist ein Abfall vom Göttlichen, eine Abspaltung von dem, was nur als Ganzes, All-Eines göttlich bleiben kann. Der Fall wird bei Plotin durchaus wörtlich verstanden – die Seele fällt und fällt und verliert dabei jede Erinnerung daran, wo sie herkommt. Sie weiß nicht mehr, dass sie eigentlich zu diesem Göttlichen, Ganzen, Ewigen gehört hat. Und je weiter sie sich in diesem Fall hinab in die Welt dem Irdischen nähert und angleicht, desto stärker wird in ihr ein verhängnisvoller Drang: etwas zu werden, eigenmächtig zu sein, ganz sein eigener Herr zu sein.

Plotin geht von einer mentalen Schwerkraft der Materie aus; sie zieht die abgefallene Seele an und weckt in ihr die Lust, selber in die Materie einzusteigen. Und diese Anziehungskraft der Materie ist zugleich die des Bösen, denn indem die Seele das Materielle wichtig nimmt und ihre Eigenständigkeit für das Wesentliche hält, verstrickt sie sich immer weiter in das Gestrüpp der irdischen Banalitäten. Die Seele bezieht sich nicht mehr auf das Göttliche, sie kreist um das eigene Ego. Das heißt, sie bezieht sich auf nichts mehr als sich selbst, sie wird eigennützig, machtlüstern, raffsüchtig.

Wer Plotins Gedankengängen folgt, wundert sich nicht mehr, dass es keine Gerechtigkeit gibt auf der Welt, dass vielmehr die raffiniertesten, skrupellosen Menschen tatsächlich Erfolg haben und über die Nachgiebigen, Friedlichen triumphieren. Denn auf dieser untersten Stufe gelten die Gesetze des Materialismus, und wer sie richtig anwendet, kann Herrschaftssysteme schaffen und auch noch behaupten, sie seien das Gute. Wer Plotin folgt, ist auch nicht mehr fassungslos über die Gräueltaten, die im Namen des Christentums begangen wurden, denn auch die Kirche hatte sich längst verheddert im irdischen Besitz- und Machtdenken. Wie alt eine Religion ist, lässt sich daran erkennen, wie weit sie sich von ihren Ursprüngen entfernt hat.

Es ist ein Phänomen, mit dem uns die aktuelle Gegenwart blutig konfrontiert: Wer die Macht hat, diktiert, was gut ist und was böse.

Nur logisch also, dass jeder Machthaber seine eigene Moral vertritt als die einzig wahre. Der Philosoph Peter Sloterdijk spricht daher von der »Unrechtstotalität Welt« und nennt sie »unerlösbar«.

Das leuchtet ein; Erlösung aber kann es immerhin für die einzelne Seele geben. Und zwar dann, wenn ein Mensch versteht, dass es eine Gnade ist, dieser Welt nicht mehr zugehören zu müssen. Und wenn er einsieht, dass Erlösung die Loslösung voraussetzt.

Diese Einsicht bringt jedoch noch keine Antwort auf die bedrängende Frage: Wie sollen wir es schaffen, während wir in diese Welt verstrickt sind, uns gleichzeitig von ihr zu lösen?

Wie wir aussteigen, ohne aufzufallen

Er heißt zwar Muhammed Ali, aber er ist ein ganz normaler ägyptischer Bauer. An diesem Tag jedoch sieht es so aus, als könnte sich sein Schicksal schlagartig wenden. Eigentlich hat er auf dem aufgelassenen Friedhof nur prüfen wollen, ob die Erde dort etwas taugt und sich anderweitig verwenden lässt. Da stößt seine Schaufel auf Ton. Ein großes Gefäß kommt zum Vorschein. Muhammed kennt solche Geschichten: Grabbeigaben, Gold, Juwelen. Auch er hat wie jeder hier den Traum schon ein paar Mal geträumt: einen glücklichen Fund zu machen, ihn heimlich an einen gewitzten Händler zu verschachern und von da an nie mehr arbeiten zu müssen.

Erregt zerschlägt er das Gefäß. Und sein Gesicht fällt zusammen. Denn statt der erhofften Kostbarkeiten sieht er nur pergamentartig vergilbte Rollen, voll gekritzelt mit einer Schrift, die ihm völlig unbekannt ist. Enttäuscht schleppt er das Ganze trotzdem nach Hause, und seine Frau verwendet das wertlose Zeug, um das Feuer im Herd zu entfachen.

Es ist reiner Zufall, dass es sich herumspricht, bei Muhammed Ali lägen bergeweise eigenartige alte Schriftstücke herum. Und irgendwann taucht einer auf, der angesichts dieses Altpapiers das empfindet, was Muhammed angesichts von Gold und Juwelen empfunden hätte. Die Schriften landen endlich bei Archäologen, die erkennen, worum es sich hier wohl handelt. Kaum ist klar, welche wissenschaftliche Sensation der Fund bedeutet, beginnt trotzdem der skrupellose Handel damit. Doch was gerettet wird, beschert in jahrzehntelanger Auswertung die brisante Erkenntnis: Das Neue Testament müsste umgeschrieben werden.

Der Fund von Nag Hamadi in jenem Jahr, als der Zweite Weltkrieg endete, hat sich nur langsam ins Bewusstsein einer breiteren Öffentlichkeit gedrängt. Denn einerseits war das allgemeine Interesse daran ziemlich lasch, andererseits hatte man in der katholischen Amtskirche schnell bemerkt: Das, was diese Schriftstücke mitteilen, sollte am besten totgeschwiegen werden. Doch durch einen populärwissenschaftlichen Bestseller erfuhren auf einmal Hunderttausende, dass Christus sehr viel mehr und etwas ganz anderes gepredigt hatte als das, was in den offiziellen Evangelien überliefert ist. In den Schriften von Nag Hamadi ist zum Beispiel davon die Rede, dass jeder sich selbst erlösen könne und müsse – was die Kirche überflüssig machen würde, die von jeher behauptet hatte, ein absolut unentbehrlicher Helfer auf dem Weg zum Heil zu sein. Bis heute gilt es als ein katholisches Dogma: Erlösung außerhalb der Kirche gibt es nicht. Kein Wunder, dass die Verbreiter jener kryptischen Evangelien, die Gnostiker, zu Lebzeiten als Ketzer verfolgt und ermordet worden waren. Ihre Lehre, die Gnostik, verbreitete sich nicht zufällig gleichzeitig wie die von Plotin, denn offenbar bestand ab dem zweiten nachchristlichen Jahrhundert ein starkes Bedürfnis, das irdische Unrechtssystem so zu erklären, dass man nicht an der Existenz Gottes zweifeln und an der Welt verzweifeln musste. Gemeinsam war den Gnostikern wie Plotin die Frage: Gibt es ein Modell, das erklärt, wie trotz eines guten, allwissenden und allmächtigen Gottes derart vieles schlecht ist auf Erden? Dass sich ganz ähnliche Antworten in der persischen, griechisch-römischen und jüdisch-christlichen Kultur finden, lässt vermuten, dass die großen Denker damals bereits in einem Gedankenaustausch standen. Sie alle wollten Gott nicht abschaffen, sich aber auch nicht weiterhin abfinden mit dem fundamentalen Widerspruch. Ihre Lösung basiert auf einem dualistischen System. Sie verabschiedeten sich mutig von der Idee eines einzigen Kosmos und etablierten stattdessen die Vorstellung, es gebe zwei grundverschiedene Welten: das Reich des Lichts und das Reich der Finsternis. Die haben miteinander nichts, absolut gar nichts gemein.

Die Kernfrage, woher das Finstere komme, beantworten sie alle ebenfalls ähnlich. So wie bei Plotin die Seele abfällt vom Göttlichen und dabei vergisst, woher sie stammt, so entfernt sich auch nach der gnostischen Lehre die Seele auf dem Weg in die Welt immer weiter von ihrem göttlichen Ursprung. Der Sündenfall ereignet sich nicht erst im Paradies, sondern bereits mit der Schöpfung. Denn mit ihr endet der göttliche Zustand der reinen Geistigkeit, es beginnt der verhängnisvolle Prozess der Materialisierung. Erst dadurch, dass Gestalt, Form, Körper entstehen, ergibt sich die Möglichkeit zu handeln, also auch Böses zu tun.

Böse ist nicht nur das, was wir üblicherweise moralisch verurteilen – Diebstahl, Betrug oder Mord. Sondern alles, was Menschen aus rein zweckorientierten Beweggründen unternehmen, weil sie derart verstrickt sind in diese Welt, dass sie sich des Göttlichen gar nicht mehr bewusst sind. Sie agieren unhinterfragt, rücksichtslos, selbstgerecht, nach ihren eigenen Maßstäben. Das Böse, sagt Jaspers, ist die Selbstzufriedenheit. Auch die so genannte Erbsünde meint nichts anderes.

Wenn also das Böse damit beginnt, dass etwas greifbare Realität wird und sich von dem gestaltlos Göttlichen löst, ist es auf einmal nicht mehr unlogisch, dass im Paradies bereits eine satanische Schlange ihr Unwesen treibt und dass es böse Engel wie Satan geben kann. Denn von vornherein sind die Engel nicht mehr absolut gut, weil sie etwas Eigenmächtiges sein wollen: Wesen, die handeln, die machen, sogar Macht haben – sie können beschützen und vertreiben. Und sie können auch zu finsteren Figuren missraten wie jene Sorte Engel, die beschließt, sich mit der Materie, mit den Menschen auf Erden zu verbinden. Dass es Satan und seine Gesinnungsgenossen auf die Erde drängt, erscheint aus gnostischer Sicht nicht als Missgeschick: Es ist ein konsequentes Schicksal. Denn jenes Reich der Finsternis ist nichts anderes als die irdische Welt. Sie ist Satans Wirkungsfeld, Gott hat damit nichts zu tun. Er ist das Reich des Lichts, ruht in sich und handelt nicht.

Klingt zuerst so, als gäbe es keine Chance, aus diesem Club der Schlechten, aus diesem Gefängnis, das gar nicht weiß, dass es eines ist, zu entkommen. Die Gnostiker aber sehen durchaus die Möglichkeit zum Ausbruch, denn jeder Mensch trägt den Fluchthelfer in sich: den göttlichen Funken. Weil seine Seele ja nicht hier, im Reich der Finsternis, entstanden ist, sondern aus dem Reich des Lichtes stammt, muss sie sich nur auf diese erfreuliche Herkunft besinnen und sich dann aufraffen, den Rückweg dorthin anzutreten. Zu beschließen: Ich möchte zurück. Ich möchte mich von allem hier lösen, weil ich in meinem tiefsten Inneren ja etwas ganz anderes bin als all das um mich herum. Mit den Worten der Gnostiker: »Ich bin in dieser Welt, aber nicht von dieser Welt.«

Wie die Sonnenstrahlen die Erde gewiss berühren, aber dort sind, von wo sie ausgesandt werden, so die Seele, groß, heilig und hierher herabgesandt, damit wir näher das Göttliche erkennen: Sie verkehrt zwar mit uns, aber behält den Zusammenhang mit ihrem Ursprung.

Lucius Annaeus Seneca in: ›Briefe über Ethik‹

Aus gnostischer Sicht ist der Vorgang ziemlich überschaubar. Es gibt einen Hinweg, der ein Irrweg ist, aber leider unvermeidbar. Und einen Rückweg, der schwierig zu finden ist, aber zum Ausgleich wunderbar. Zuerst will die Seele werden wie die Welt, in die sie hinabsteigt. Sie übt eifrig, was dort zählt: benimmt sich so windschlüpfrig, dass die Karriere reibungslos vonstatten geht, baut sich mentale und reale Eigenheime und verteidigt ihren Besitz und ihr Recht auf ein lustiges, beschwerdefreies Leben. Doch nachdem sie diese Welt zur Genüge kennen gelernt hat, gibt es nur zwei Möglichkeiten. Entweder sie schwimmt weiter so dahin, getragen von dem Wunsch, es möge ewig so weitergehen, und merkt nicht, dass sie in einer trüben Daseinsbrühe dahindümpelt, die keinen Durchblick erlaubt. Ein Mensch mit einer solchen Seele schuftet mit fünfzig noch für ein größeres Auto, kennt mit siebzig noch immer nichts Wichtigeres, als morgens die Zeitung nach Sonderangeboten abzugrasen, und wird mit achtzig beim Gedanken an seinen Tod von Panik ergriffen. Oder aber die Seele entscheidet: Ich will mit diesen Pseudo-Wichtigkeiten hier nichts mehr zu tun haben. Ich möchte mich innerlich befreien von allem, was mich bindet. Natürlich will ich weder meinen Partner, noch meine Freunde, noch meine Familie im Stich lassen, aber ich will mich an nichts mehr festklammern, auch nicht an dem, was ich besitze, was ich erarbeitet und zusammengetragen habe im Lauf der Jahre. Ich möchte jederzeit so weit sein, dass ich leicht und unbeschwert aus dem Leben gehen kann. Und ich möchte vor allem nicht dauernd darüber nachdenken, was man mir alles wegnehmen und was ich verlieren könnte.

Sage nie von einer Sache: Ich habe sie verloren.
Sondern: Ich habe sie zurückgegeben.
Dein Kind ist gestorben?
Nein, du hast es zurückgegeben.
Deine Frau ist gestorben?
Nein, du hast sie zurückgegeben.
Ich habe mein Grundstück verloren!
Nein, auch das hast du nur zurückgegeben.

*Epiktetos (*50-138 *nach Christus)*
im ›Handbuch der Moral‹

So abstrakt es klingt, sich auf diese Weise innerlich umzuwenden und lächelnd auf das zu schauen, was man bis eben noch für unglaublich wichtig hielt, so einfach klingt das bei den Gnostikern: Es geht nur darum, einmal alle Ablenkungsprogramme, Beschleunigungszwänge und jeden Machbarkeitswahn auszuschalten und sich zu besinnen. Worauf? Auf das Wesentliche. Das heißt, alles das, was auf dem Hinweg der Seele in die Welt angehäuft worden ist, wieder abzulegen, abzugeben, loszuwerden. So, wie jemand vor dem Umzug klugerweise den Hausrat ausmistet.

Die Journalistin ist verblüfft, als sie den weltberühmten Künstler auf Teneriffa besucht. Gut, es ist bekannt, dass er nach heftigen Krisen, nachdem er von seinen Geschäftspartnern übel über den Tisch gezogen worden war und schier am Suff verendet wäre, den Rückzug beschlossen hat. Doch sie hat sich wie die meisten darunter eine hübsch möblierte Idylle vorgestellt. Splendid isolation. Allein schon die triste Gegend im Inneren der Insel, wo er haust, irritiert sie. Erst recht das garagengroße schäbige Bauwerk, in dem er wohnt. Und dann gibt es innen fast nichts. Ein Bett, zwei Stühle, einen Tisch, zwei Teller, zwei Tassen. Jeder weiß doch, dass Janosch längst trocken ist, von Kindern wie Erwachsenen umschwärmt und jede Menge Geld macht. Was soll diese Askese-Nummer? Wo ist sein Problem?

»Ich hab nur ein Problem«, sagt Janosch. »Dass ich noch viel zu viel habe. Wenn ich gestorben bin, sollen nämlich nur noch das Hemd und die Hose übrig sein von mir, die ich anhatte.« Und dann setzt er sich hin und zeichnet die nächsten vergnügten Bilder.

So auffallend und so offensichtlich aber ist die Umkehr nicht immer. Und auch der Auslöser für diese Entscheidung muss nicht derart dramatisch sein. Schöne wie unschöne Erlebnisse können den Wunsch nach der Umkehr lostreten. Und wie es danach weitergeht, das kann durchaus mit der gewohnten Lebensweise vereinbar sein. Bei der Umkehr handelt es sich nicht um ein Hauruckverfahren, das die Umwelt vor den Kopf stößt. Da sitzt nicht einer mit seiner Familie am Esstisch und offenbart seinen Lieben unter allgemeinem Gelächter, er sei nicht von dieser Welt. Das Ereignis der Umkehr ist nichts, worüber man redet. Sie wird spürbar in dem beglückenden Gefühl: Es geht auch alles ohne mich, und die Vorstellung, hier nicht mehr dabei zu sein, macht mir keinerlei Angst.

Nur: Wie passiert das? Wie kommt es dazu?

Der jüdische Philosoph Gershom Scholem sieht den entscheidenden Wendepunkt in dem Moment, in dem der Mensch anfängt, »ein Bewusstsein für sein eigenes wahres Wesen zu entwickeln, und sich danach sehnt, den Weg von der Vielfältigkeit seiner Natur zu der Einheit, der er entstammte, zurückzugehen«.

Karl Jaspers vergleicht diesen Moment, in dem ein Mensch sich seines Nicht-eigentlich-Seins bewusst wird und er sich die Frage stellt: »Wer bin ich denn dann eigentlich?«, mit einem plötzlichen Wachwerden.

Danach ist freilich alles anders, ob die Umwelt es bemerkt oder nicht: Er ist herausgerissen aus der Ruhe der Selbstverständlichkeit, er ist unterwegs - nicht äußerlich, nur innerlich. Denn er fragt sich: Was gehört alles nicht zu mir? Was braucht meine Seele nicht? Was mache ich alles, obwohl es mit mir gar nichts zu tun hat?

Eine radikale innere Entrümpelung beginnt. Wer damit anfängt, hat keine Angst, zu viel wegzuwerfen. Er hat das verspürt, was sich Transzendenz nennt. Das hört sich philosophisch sehr anspruchsvoll an, so, als läge es fern unseres alltäglichen Lebens. Aber es ist sehr einfach und kann mittendrin stattfinden.

Warum wir Transzendenz täglich erleben könnten

Die Gemeinde ist klein, der Pfarrer hat einen Überblick. Und ist wieder mal unterwegs, um nach denjenigen zu schauen, die er so gut wie nie zu Gesicht kriegt. Der Weinbauer, dessen Frau und Tochter brav jeden Sonntag in der Messe sitzen, hockt auf der Bank hinter seinem Haus und schaut schweigend in den Abend hinaus. Die Wolken haben Goldränder, eine Amsel singt im Apfelbaum, es riecht nach frisch gemähtem Gras.
»Sie sind auch nicht mehr der Jüngste«, sagt der Pfarrer. »Es könnte nicht schaden, wenn Sie sich mal in der Kirche zeigen würden.«
Der Bauer wendet den Blick nicht. Er brummt nur: »Mei Kirch isch do.«

Könnte ja sein, dass etwas dran ist an dem Satz, dass die Philosophieprofessoren aus der Stadt kommen, aber die Philosophen vom Land. Denn das Leben mit der Kultur kann zu perfekt formulierten Erkenntnissen führen, das Leben im Einklang mit der Natur hingegen zum wortlosen Erlebnis dessen, was die Professoren Transzendenz nennen.
Transcedere heißt wörtlich übersetzt: darüber hinausgehen, also die Grenzen der banalen Existenz und der gewohnten Wahrnehmung überschreiten. Aber das Transzendenzerlebnis ist nicht die Sache von ein paar

Auserwählten, die nichts anderes tun als meditieren. Denn eine Ahnung vom Göttlichen kann jeder bekommen. Wir müssen ihm nur die Chance geben, sich uns mitzuteilen. Wer auf Zeichen und Wunder wartet, wird allerdings leer ausgehen. Die Sorte Wunder, wie sie zu propagandistischen Zwecken erfunden worden sind, braucht es auch gar nicht. Denn es sind ausreichend wunderbare Erscheinungen um uns her vorrätig, sie wollen nur erkannt werden.

Ein Feld mit zehntausend Sonnenblumen, die den ganzen Tag über synchron ihre Gesichter wenden, ihre Köpfe immer zur Sonne hin drehen, also ohne Augen die Sonne sehen. Ohne Nerven oder Muskeln, nur durch Änderung des Flüssigkeitsdrucks in den Kapillaren drehen sie ihre Hälse durch eine perfekte Koordination der beteiligten Zellen.

Ein Storchenpaar, das Tausende von Kilometern aus Afrika zurückfliegt, genau weiß, wo Gibraltar liegt, weil es wie alle Störche nicht lange Strecken über Meer fliegen kann, Spanien durchkreuzt und dann am Ende der langen Reise auf genau dem Kamin in Rust, einer abgelegenen Idylle am Neusiedler See, landet, wo es im Jahr zuvor sein Nest gebaut hat. Selbst Biologen, die sich ständig damit beschäftigen, spüren, dass sich in Prozessen, wie sie sich tagtäglich millionenfach um uns her abspielen, die eigentlichen Wunder offenbaren.

»Die Gestaltwandlung der Tiere im Laufe des individuellen Lebens gehört zum ältesten Bilderschatz, mit dem die lebendigen Wesen die Welt menschlichen Ausdrucks bereichert haben«, begeistert sich der Biologe und Nobelpreisträger Adolf Portmann. »Seit Urzeiten

ist die Verwandlung der Raupe in einen lichten Sommervogel ein Gleichnis für Ahnungen höheren Seins.« Und die ruhende Puppe ist für Portmann »das Bild von Versenkung, gesammelter Erwartung des Kommenden und der Verheißung der Auferstehung«.
Sogar in einer schlichten Eintagsfliege ein Gleichnis für das Menschenleben zu sehen ist ein Gedanke, den nicht nur Philosophen haben, sondern auch Humoristen.

Ein ganzes Leben

»Weißt du noch«, so frug die Eintagsfliege
Abends, »wie ich auf der Stiege
Damals dir den Käsekrümel stahl?«

Mit der Abgeklärtheit eines Greises
Sprach der Fliegenmann: »Gewiss, ich weiß es!«
Und er lächelte: »Es war einmal –«

»Weißt du noch«, so fragte weiter sie,
»Wie ich damals unterm sechsten Knie
Jene schwere Blutvergiftung hatte? –«
»Leider«, sagte halb verträumt der Gatte.

»Weißt du noch, wie ich, weil ich dir grollte,
Fliegenleim-Selbstmord verüben wollte?? –
Und wie ich das erste Ei gebar?? –
Weißt du noch, wie es halb sechs Uhr war?? –
Und wie ich in Milch gefallen bin ?? – –«

Fliegenmann gab keine Antwort mehr,
Summte leise, müde vor sich hin:
»Lang, lang ist's her - - lang - - -« ⇚

Joachim Ringelnatz

Das Göttliche redet nicht Klartext, sondern äußert sich in Chiffren, wie Karl Jaspers das nennt. Und diesen Chiffren begegnen wir täglich: im Erleben von Natur, von Kunst oder von Liebe. Ob sie uns etwas sagen oder kalt lassen, liegt allerdings an uns. Es braucht dazu schlicht die Bereitschaft, innezuhalten und sich zu besinnen. Zuzuhören, was uns gesagt wird, auch wenn das Überhören viel leichter geht.
Wer in Höchstgeschwindigkeit über die Autobahn rast, die Wut über den heutigen Börsenverlust im Bauch, empfindet den Sonnenuntergang, in den er schaut, als störendes Blenden. Wer sich die Zeit nimmt, anzuhalten und sich in den Anblick zu versenken, dem offenbart sich dasselbe Ereignis als Metapher für jenen großen Zyklus von Werden und Vergehen, dem er selbst zugehört.

⇛ *Sie nehmen ihn zum ersten Mal mit. Eigentlich, betont er noch beim Aufstieg, sei ihm das Ganze zu dröge. Surfen, Wasserskifahren, Squash - das sei Sport, bei dem was los sei. Bergwandern, sagt er, das sei doch was für ältere Leute. Er redet unterwegs viel, als müsste er sich die Langeweile vertreiben. Außerdem zeigt er damit, dass ihn diese Pensionisten-Nummer nicht anstrengt. Fünf Stunden später sitzt er neben seinen Freun-*

den auf dem Gipfel und sagt kein Wort mehr. Schweigend schaut er wie sie auf diese Weltenlandschaft, oben kristallklar und den Tälern zu in Schleier gehüllt. Er sieht hinaus in dieses weite steinerne Meer, wo keine Spuren mehr zu sehen sind von Zivilisation und nichts zu hören ist vom Lärm der Menschen. Er hört wie sie der Stille zu. Es wäre ihm peinlich, zuzugeben, wie er sich jetzt fühlt. Dass er sich verliert in Gedanken an die Ewigkeit und ihm das Wort Andacht durch den Kopf geht. Beim Abstieg redet er nicht mehr. Und zu Hause erinnert er sich an ein Bild, das er bisher immer kitschig fand und von dem seine Mutter behauptet, das sei für sie ein Andachtsbild. Er findet es schnell in seinem Band über die Maler der Romantik. Caspar David Friedrich hat es gemalt. Darauf ist nichts zu sehen als ein Kreuz im Gebirge, zu dessen Füßen sich eine Weltenlandschaft ausdehnt, unendlich weit und still. ⊱

Transzendenz kann jedoch nur erleben, wer seine seelischen Poren öffnet. Wenn sie verstopft sind durch Alltagssorgen, schwachsinnige Unterhaltungsprogramme, Termindruck, kleinliche Streitereien, dann haben die Chiffren des Göttlichen keine Chance, einzudringen. Ein Angebot bringt wenig, wenn es nicht wahrgenommen wird. Was die Erfahrung von Transzendenz angeht, gilt das auch – sie ist eine Möglichkeit, etwas von dem zu erahnen, was die Gnostiker ›Reich des Lichts‹ nennen. Denn das liegt sehr weit weg. Nah hingegen liegt die Natur. Und nahe liegt es wohl auch, die verbreitete Überzeugung, alles lasse sich steigern, auf Naturerlebnisse zu übertragen. Wenn die Leute schon von einem mittleren Gipfel beeindruckt zurückkehren, dann nehme ich mir den höchsten vor, sagt sich da eine reiche Amerikanerin und kauft sich für eine astronomische Summe in eine Himalaya-Expedition ein. Alles perfekt und weitgehend risikofrei organisiert, wird ihr versichert. Damit sie nicht über irgendwelchen Entbehrungen die Lust verliert, lässt sie von einem Djerpa ihre Espressomaschine mitschleppen. Sie schafft es nach oben, schafft es zurück und hat etwas zu erzählen. Schließlich hat sie das Dach der Welt gesehen. Mehr aber auch nicht.

Die Erfahrung von Transzendenz ist nichts, was sich organisieren lässt – es gibt sie nicht auf Bestellung. Der Weg dorthin ist nicht mit Geld zu erkaufen und auch nicht mit körperlicher Höchstleistung. Schön ist, dass er in keiner Weise festgelegt ist. Es gibt nicht den einen wahren, richtigen Weg, es gibt auch keine Regeln und keine besonderen intellektuellen Anforderungen. Immer führt der Weg aber offenbar durch etwas, das über sich selbst hinausweist, das mehr ist, als es zu sein scheint. Ob es das Erlebnis der Natur ist oder das von großer Kunst: Wer zulässt, dass es ihn ergreift, dass es ihn überwältigt, öffnet sich der transzendenten Erfahrung.

Die Sechsjährige hat sich auf dem Osterausflug ihr Bein gezerrt. Es tut weh, ist geschwollen, und sie wird aufs Sofa gebettet. Weil sie nicht jammert, bekommt sie als Trost eine Schallplatte von den Eltern. Mozarts Klavierkonzert Nr. 21. Sie liegt still da und hört zu. Vor allem der lang-

same Satz, das Andante, hat es ihr angetan. Wieder und wieder will sie ihn hören. Besucher wundern sich, dass sie, normalerweise ein mehr als umtriebiges Kind, schweigend zuhört, mit geschlossenen Augen. Und dann entfährt ihr der Seufzer: »Bei der Musik möcht' ich mal sterben.« Das Gelächter der Erwachsenen macht ihr nichts aus. ⇚

Sehr viel Wissen ist unter Umständen eher hinderlich, wenn es um Transzendenz-Erfahrungen geht. Wenn Kunsthistoriker sich vor einem Bild zusammenrotten und emsig ihre Kenntnisse auspacken, sich in Datierungs- und Zuschreibungsfragen ergehen, dann zerreden sie sich das, was ein unstudierter Mensch vor demselben Gemälde erlebt. Der sagt nur leise: »Ist das schön!« - und spürt dabei vielleicht etwas Beglückendes, wofür ihm die Worte fehlen.

Ob Kunst groß ist, entscheiden keine Kritiker, keine Kunstrichter, das entscheidet ihre Wirkung auf die Seele. Und die kann so groß sein, dass wir in diesem Moment die Entscheidung treffen, unser Leben zu ändern. Das hört sich für manchen vielleicht übertrieben an, aber Rainer Maria Rilke behauptet in seinem Gedicht über einen antiken Torso, den er im Belvedere-Museum in Rom sah, dass die suggestive Kraft dieses Kunstwerks das bei ihm vermochte. »Archaischer Torso Apollos« sind die vier Strophen überschrieben, in denen er beschreibt, wie er vor diesem marmornen Rest der Götterstatue steht - nicht mehr als ein Rumpf ohne Kopf - und auf einmal spürt, dass darin dennoch die Magie der ganzen herrlichen Gestalt steckt. Und dass nicht er als Lebender vor dem toten Kunstwerk der Aktive ist, sondern vielmehr dieses Kunstwerk ihn betrachtet und derart stark auf ihn wirkt, dass er sagt: »Da ist keine Stelle,/ die dich nicht sieht. Du musst dein Leben ändern.«

Die nächstliegende Möglichkeit, etwas Göttliches zu erahnen, ist leider auch die schwierigste. Denn sie bietet die meisten Gelegenheiten, sich zu verfangen in den Fesseln der Gefühle. Wir reden von der Liebe. Liebe hat mit Bindung zu tun – was schon klar macht, dass es nicht einfach ist, sich wieder zu lösen. Denn wir neigen dazu, das, was wir lieben, behalten zu wollen. Konsequent also, dass der Buddhismus empfiehlt, sich vom Wunsch nach körperlichen, sinnlichen Freuden völlig zu befreien und gar nichts mehr zu begehren.
Immerhin aber kann die Liebe ein Wegweiser in die richtige Richtung sein, denn sinnliche Erlebnisse können ein Verschmelzungsgefühl schenken, eine Entgrenzung, die ja auch zum transzendenten Erlebnis gehört. In der sexuellen Ekstase – der Begriff Ekstase, den Plotin erfunden hat, heißt wörtlich ja nichts anderes als »nackt außer sich stehen« – vergessen wir für Augenblicke unsere Urangst vor der Vergänglichkeit, vor dem Tod. Wir sind dem Gestrüpp unserer trivialen Wirklichkeit ganz kurz enthoben. Eros bekommt seinen Sinn als die Energie, die Antriebskraft, die uns zurücktragen kann zu dem Einen.
Im »Gastmahl« von Platon wird Eros geschildert als ein vagantes Wesen, als einer, der immer unterwegs ist – einer, den es drängt, weiterzukommen, nicht etwa anzukommen und zu bleiben, um ein Nest zu bauen. Der

Eros des »Gastmahls« ist sich seiner Mangelhaftigkeit voll bewusst: Er ist hässlich und weiß, dass er als Sohn von Poros und Penia, das heißt wörtlich übersetzt: von List und Not, geboren worden ist. Und nun ist Eros auf der Suche nach jener Vollkommenheit, die er nicht besitzt. Das Gute an Eros ist seine Dynamik, die ihn umtreibt und weiter suchen lässt.

Nicht nur die erotische Liebe, auch das, was sich Caritas nennt – fürsorgliche Liebe in jeder Hinsicht, Helfen- und Beschützenwollen –, ist eine Möglichkeit, etwas Großes, vielleicht sogar Göttliches zu spüren. Selbst nach einem Tag, an dem ein Kind seine Eltern nur genervt, gebrüllt, geheult und alles Mögliche ruiniert hat, kommt der Augenblick, an dem sie sich sagen: Es lohnt sich trotzdem – es macht Sinn. »Wenn's dann im Bett liegt und du spürst, wie Liebe aus dir überfließt wie aus einem überkochenden Milchtopf«, sagt eine Mutter von fünf Kindern. »Du kannst nichts dagegen unternehmen, dass dich Zärtlichkeit überschwemmt.« Auch wenn das mit Transzendenz wenig zu tun zu haben scheint, hat diese Erfahrung doch etwas davon: Es ist ein beglückendes Gefühl völliger Selbstlosigkeit. Die Konturen des Ich lösen sich auf, die Schranken, die das Ich vom Du trennen, fallen.

Was dieses Erlebnis so schön und so außergewöhnlich macht, ist die Empfindung, mit etwas eins zu werden, das unendlich viel größer ist als ich selbst. Allein, dass mir so ein Gefühl möglich ist, empfinde ich als ein göttliches Geschenk. Und wie bei allen Transzendenzerlebnissen lässt es mich meine Angst vor dem Tod vergessen, denn meine eigene Existenz wird in diesem Augenblick völlig unwichtig.

Red nicht vom Tod – das macht mich total depressiv

Was es bringt, oft an die Endlichkeit zu denken

Ein Mann Mitte dreißig kommt zum Psychotherapeuten.

»Ich habe ein Problem, und Sie sind eigentlich dran schuld.«

»Was ist Ihr Problem?«

»Meine Frau schimpft, meine Kinder beschweren sich, meine Eltern jammern, weil ich keine Lust zum Arbeiten habe und nur noch rumhänge. Und das kommt alles daher, dass ich gemacht habe, was ich in Ihrem Buch gelesen habe.«

»Und was haben Sie dort gelesen?«

»Man soll täglich an den Tod denken. Und dass der einen jederzeit ereilen kann.«

»Und?«

»Wenn ich schon morgen sterbe, dann habe ich ja nichts mehr davon, dass meine Eltern mir ihr ganzes Vermögen vererben werden. Außerdem kann ich dann meiner Frau nicht beweisen, dass ich's genauso weit bringe wie ihr Vater. Da frage ich mich: Wozu rackre ich mich dann noch ab? Und der Gedanke an den Tod lähmt mich dann so, dass ich überhaupt nichts mehr tun will.«

»Was Sie depressiv macht«, sagt der Psychotherapeut, »ist nicht der Gedanke an den Tod, sondern ans Geld.«

Zugegeben: Es ist gar nicht schwer, den Gedanken an den Tod zu verdrängen und so lange aufzuschieben, bis der Tod selber da ist. Denn das Leben scheint angelegt zu sein als ein gigantisches Ablenkungsprogramm. Und das Angebot wird ständig erweitert und ist für jeden zugänglich, ohne Altersbegrenzung. Kinder legen sich bereits ihren Vorrat an Videos und Computerspielen zu, um ja nicht in ein Unterhaltungsloch zu stürzen. Und ein Programm ist nicht genug, wir brauchen mindestens zwei, die gleichzeitig ablaufen. Zum gemütlichen Abendessen daheim muss nebenher die Quizsendung im Fernseher angestellt werden. In ein gutes Restaurant ausgehen reicht nicht - Erlebnisgastronomie muss her, wo Clowns und Akrobaten um den Tisch herum ihre Scherze und Verrenkungen vorführen. Beim Radeln auf dem Heimtrainer läuft nebenher der Fernseher mit den neuesten Börsennachrichten, beim Jogging der Walkman. Und selbst auf der Zugspitze ist der Anblick der verschneiten Natur nicht mehr ausreichend: Aus großen Lautsprechern dröhnt rund um die Uhr akustischer Almdudler über die Piste.

Wir sind auch mental zu Zappern geworden, die es mit fiebriger Aktivität vermeiden, sich in eine Sache wirklich zu vertiefen oder in einer Pause zu uns zu kommen. Allein der Begriff »Freizeitindustrie« verrät uns, dass wir nicht die freie Zeit suchen, sondern eine, die professionell gestaltet, organisiert und ausgestattet wird.

Diejenigen, denen der Gedanke an den Tod unnatürlicher erscheint als die Lust auf Dauerunterhaltung, werden nun einwenden: Warum bietet denn das Leben so viele Möglichkeiten, sich zu zerstreuen? Es ist doch offenbar im Schöpfungsprogramm vorgesehen, uns vom

dauernden Nachdenken über den Tod abzulenken. Das ist nicht ein Machwerk irgendwelcher Industrien, das ist naturgegeben.
Doch das, was die Natur an Unterhaltung anbietet, hat einen ganz anderen Charakter. Dort ist nämlich in jeden Genuss bereits der Gedanke an das Ende eingebaut. Wer aus natürlichen Dingen eine Mahlzeit zubereitet, kommt gar nicht drum herum, sich mit der Endlichkeit zu beschäftigen. Da liegt die schön gemusterte Bachforelle, die der Fischhändler für mich aus dem Bassin geholt und erschlagen hat. Da zerschneide ich eine Frucht, deren Leben nur zwei Monate gedauert hat. Da putze ich ein Stück Fleisch von einem Kalb, das im Kindesalter abgeschlachtet wurde, damit es zart genug für meinen Gaumen ist. Freilich hilft uns die Ernährungsindustrie in jeder Hinsicht, solche Erlebnisse, die ja den Appetit beeinträchtigen könnten, zu vermeiden. Sie ist so freundlich, uns die Herkunft der Dinge mehr und mehr vergessen zu lassen. Fischstäbchen, fertig abgepackte Geflügelteile, rosig und glatt wie Plastik, Fischfond im Glas, Hummersuppe in der Dose.
Die indirekten Hinweise der natürlichen Genüsse auf die Sterblichkeit können wir ausklammern und haben auch verlernt, sie dort zu sehen, wo sie für die Generationen vor uns noch unübersehbar waren: Die meisten Museumsbesucher wundern sich heute nur, warum dieser barocke niederländische Stilllebenmaler, der derart bravourös und detailgenau ein Arrangement aus Früchten malen konnte, unbedingt einen wurmigen Apfel dazupinseln und so das Bild beeinträchtigen musste. Das, was damals jedem als Vanitas-Allegorie,

als Sinnbild der Leere und Vergänglichkeit geläufig war, verstehen viele heute nicht mehr. Wir haben verlernt, diese Zeichen zu lesen, und sind auch noch froh darüber. Dass die Franzosen den Orgasmus ›petite mort‹ nennen, also kleinen Tod, und das Stillleben ›nature morte‹, macht uns so wenig nachdenklich wie der Anblick einer Sanduhr.
Wirklich genial ist die beliebteste Methode, mit der wir den Gedanken an den Tod aus unserem Alltag verdrängen: den Tod in den Mittelpunkt zu stellen. Er ist der Aufhänger aller Plots. Jede Nachrichtensendung wird erst dadurch wichtig – wir könnten ehrlicherweise auch spannend sagen –, dass Tote vorkommen. Und die Bedeutung der Nachricht wächst mit der Anzahl der Toten. Der Tod macht den Krimi spannend, der Tod macht den Bericht aus Jerusalem oder Bagdad zur Sensation des Tages.

Es freut die Autoren, dass der große Schauspieler in ihrem Freundeskreis sich interessiert für das, was sie schreiben. »Es geht um den Tod«, sagen sie. »Wir schreiben jetzt in den Ferien dran.«
»Ausgerechnet in den Ferien?«, wundert er sich.
»Ich verstehe das auch nicht«, sagt der Freund, der neben ihm sitzt. »Verderbt ihr euch damit nicht die ganze Urlaubsstimmung?«
»Warum? Wir wollen ja zeigen, dass es durchaus positiv ist, über den Tod nachzudenken.«
Der Schauspieler überlegt. »Schon, aber wenn es zu viel wird, dann lähmt es doch nur noch.«
»Und was machst du gerade?«, fragen die beiden zurück.

»Ich? Ich drehe gerade in Berlin.«
»Und was?«
»Ich bin Kommissar in einem neuen Tatort. Guter Film, übrigens.«

Der Tod kommt dauernd vor in den Programmen, ob informativ oder unterhaltend. Denn kein Produzent, kein Regisseur und erst recht kein Zuschauer kann bestreiten: Etwas Aufregenderes gibt es nicht. Mit dem Faszinosum Tod lässt sich Geld machen. Auch deshalb, weil seine Vermarktung ihn klein macht. Am Ende des Kriminalfilms denkt keiner mehr über das Opfer nach, es zählt nur, dass der Täter entdeckt und gefasst wurde und die Welt wieder in Ordnung ist. Was bleibt, ist ein beruhigendes Gefühl. Ähnlich funktioniert es mit den Nachrichten. Es geht hier um die Zahl der Toten, nicht um den Tod selbst. »Die Zahl der Opfer ist noch weiter gestiegen«, wird da vermeldet. Keiner verfiele auf die Idee, zu sagen: »Leider sind bei dem Bombenattentat noch mehr Menschen umgebracht worden, als gestern befürchtet.«
Dieser Umgang mit dem Tod, man könnte es branchengerecht auch ›Handling‹ nennen, beruht auf einer simplen, aber schlauen Einsicht: Was mittendrin und ungeniert passiert, wird am ehesten ignoriert. Gewitzte Diebe bedienen sich immer wieder dieses Tricks. Sie tragen am helllichten Tag im Blaumann den teuren Konzertflügel aus dem Musikhaus in den Lastwagen, als würden sie ihn in die Philharmonie transportieren. Oder sie leeren das Lager mit den Fernsehapparaten mitten in der Rushhour, ohne Masken und in aller Ruhe, und fahren die Geräte ungestört zum Hehler.

Indem der Tod in Filmen, Videos und Büchern in den Mittelpunkt gestellt, dann aber wieder außer Acht gelassen wird, verkommt er zum Anlass, zum Auslöser – und bleibt tabuisiert. Stattdessen wird gezeigt, was ringsumher passiert, und das ist turbulent genug.

Wer keinen Krimi konsumiert, sondern ein Requiem von Brahms oder Mozart anhört oder auch ein modernes von Michael Nyman zur Erinnerung an die Opfer der Katastrophe im Fußballstadion in Brüssel, ist hinterher möglicherweise gelassener. Vielleicht sogar besserer Laune. Genießt das Glas Wein bewusster, fängt nicht wegen der Krümel auf dem Teppich einen Streit an, überlegt, ob es jetzt nicht schöner wäre, Liebe zu machen, als den Videorecorder anzustellen.

Dass Zeit kostbar ist, ist eine Binsenweisheit. Aber kostbar wird alles nur dadurch, dass wir uns seines Werts bewusst werden. Genau dafür bleibt im Unterhaltungsrausch keine Gelegenheit. Über den Tod nachdenken heißt: sich eine Pause gönnen, in der uns klar wird, was Lebensqualität ausmacht. Ökonomischer lässt sich das Dasein nicht aufwerten. Sogar der restlos verregnete Urlaubstag wird so zu einem guten. Wüssten wir, es ist der letzte Tag unseres Lebens – was würden wir für ein Fest aus ihm machen! Wir aber wünschen uns immer etwas Besserem entgegen.

»Die Hoffnung und die Sehnsucht, in die Heimat zu kommen und in das ursprüngliche Chaos zurückzukehren, wirken, in ähnlicher Weise wie beim Schmetterling das Licht, beim Menschen, der mit unaufhörlichem Verlangen immer freudig den neuen Frühling erwartet, immer den neuen Sommer und immer die neuen Monate und immer die neuen Jahre, wobei ihm scheint, dass die ersehnten Dinge im Kommen allzu spät sind: Und er wird nicht gewahr, dass er seine eigene Auflösung herbeiwünscht.« So steht es am Ende eines weitgehend unbekannten kleinen Buchs aus dem späten 15. Jahrhundert, den »Prophezeiungen« des Leonardo da Vinci.

Gemüseputzen - was soll daran erhellend sein!

Warum Genießen mit Transzendenz zu tun hat

Auch das noch. Als hätte es nicht gereicht, dass gleich am Anfang auf der Autobahn ein Stau von zwanzig Kilometern Länge war, dass irgendeine dumme Verkehrskontrolle fast eine weitere halbe Stunde gekostet hat. Immerhin haben sie die Strecke München-Lucca trotzdem in siebeneinhalb Stunden »gemacht«, wie sie es nennen. Aber muss das jetzt auch noch sein? Als sie nun endlich in einem netten Lokal sitzen, von Freunden als ganz authentisch empfohlen, und den angepriesenen Steinpilz-Risotto bestellen, erfahren sie: Darauf müssten sie eine dreiviertel Stunde warten, weil dieses Gericht immer frisch gemacht wird.

Gut, dass sie ihren Sprachführer dabei hat, in dem die wichtigsten Sätze stehen. »Was können Sie uns sofort bringen?« - »Che cosa c'è di pronto?«

Sie bekommen zwei Steaks, die schmecken wie in München, schaffen es noch rechtzeitig zu den Spätnachrichten ins Hotel und schlafen frustriert ein.

Warten ist für uns die reine Folter. Eine Störung im Ablauf, die wir als Zumutung empfinden. Da haben wir uns unseren Plan gemacht, exakt die Termine eingehalten, alles genau so abgewickelt wie vorgesehen, und nun hält uns etwas auf, woran wir keinerlei Schuld haben. Und weil wir das als böswillige Behinderung emp-

finden, dehnt sich die Zeit quälend. »Zuerst ham wir ganz langsam g'wart«, heißt es bei Karl Valentin. »Und dann ham wir immer schneller g'wart.«
Besonders schlimm empfinden wir das Warten, wenn es dabei keinerlei Unterhaltung oder Ablenkung gibt. Denn dann dräut plötzlich das vor uns oder, besser gesagt, in uns, was wir die ganze Zeit mit großem Aufwand zu vermeiden suchen: die Leere. Der Horror vacui, die Angst vor dem Nichts, ist die größte Angst im menschlichen Dasein. Denn wir fürchten uns am meisten vor dem, was wir uns nicht vorstellen können. Und selbst ein Philosoph wie Martin Heidegger formuliert letztlich nur diese Hilflosigkeit, wenn er sagt: »Das Nichts nichtet.« Hauptsache, das Nichts hat etwas zu tun, da atmen die weniger philosophischen Geister auf.
Begriffe wie »Null-Wachstum« verraten, dass wir den Gedanken an Stillstand nicht ertragen und diesen Tatbestand zu verbergen suchen, indem wir ihn als Wachstum verkaufen, bei dem freilich nichts wächst. Klingt einfach weniger beunruhigend.
Was uns hingegen beruhigt, ist jede Art der Beschleunigung. »Er ist einfach sicherer«, rechtfertigt einer den Kauf des größeren Modells, obwohl sein alter Wagen perfekt lief. »Der beschleunigt in neun Sekunden auf hundert.« Dabei entstehen die Gefahren, denen er mit einem flotteren Überholmanöver entkommen möchte, doch nur daraus, dass auch die anderen immer schneller fahren. Schneller werden ist für uns längst zum Synonym für Fortschritt geworden und Fortschritt längst zum Synonym für Verbesserung der Qualität. Der schnellere Computer ist der modernere, der stärkere. Mit Tiefkühlkost und Mikrowelle ist schneller gekocht

als am Herd, also ist das zeitgemäß und besser. Wenn der neueste ICE noch schneller ist als das Vorgängermodell, dann ist es besser, und die Fahrt darf mehr kosten, auch wenn dadurch das Risiko einer Katastrophe steigt.

Fragt sich nur: Was machen wir mit der gewonnenen Zeit? Warum haben wir nach wie vor zu wenig davon, obwohl wir umzingelt sind von zeitsparenden Erfindungen und Einrichtungen? Und warum reden wir uns ein, schneller sei gleichbedeutend mit besser? Wir verdrängen eifrig die Tatsache, dass wir mit fast allen Beschleunigungsprozessen die Nähe zu der sinnlichen Welt einbüßen. Die schnelle Instant-Gemüsebrühe aus dem Glas nimmt uns die Freude, aus Sellerie, Zwiebeln, Lauch und Karotten eine wohlduftende Köstlichkeit zu bereiten, der rasend schnelle Zug macht es unmöglich, beschaulich die Landschaft an sich vorbeiziehen zu lassen, das E-Mailen nimmt uns die Lust, mit einem schönen Füllfederhalter auf ein besonderes Papier zu schreiben.

Beschleunigung bedeutet in vielen Fällen einen Verlust an Qualität, keinen Gewinn. Zumal wir dazu neigen, in einem Entweder-oder-Verfahren die langsameren Möglichkeiten ganz auszusondern, also allmählich zu verlernen. Der Ernährungspsychologe Volker Pudel hat hochgerechnet, dass im Jahr 2030 in Deutschland in keinem privaten Haushalt mehr Rindsrouladen geschmort werden – weil bis dahin keiner mehr weiß, wie das geht. Und schon heute kann kaum noch jemand einen Schokoladenpudding ohne Puddingpulver zubereiten. Alltägliches Wissen, das über Generationen weitergegeben worden ist, geht unwiederbringlich verloren. Doch es gibt erfreulicherweise eine zunehmende Schar von Anachronisten, denen die Entschleunigung ein Anliegen ist und denen es gelingt, die Lust an der Langsamkeit zu vermitteln. Zum Beispiel die gastronomische Idee der in Italien gegründeten Organisation »Slow Food Arcigola«, einfache Gastwirtschaften in ganz Europa zu suchen und zu empfehlen, in denen authentisch gekocht wird, wo man sich also bei der Zubereitung und dem Genuss gleichermaßen Zeit lässt. Eine Idee, die dem Verein bis ins Jahr 2002 in Italien 35 000, in Deutschland 5 000 Mitlieder eingebracht hat. Das Emblem des dynamischen Vereins ist eine Schnecke.

Es gibt auch Leute, die aus der Anreise zum Urlaubsziel keine Rekordleistung machen, sondern eine Genussreise in mehreren Etappen, und die sich so in jeder Hinsicht, also auch mental, ganz allmählich dem Fremden, dem Neuen nähern. Hinweg und Rückweg prägen sich als eigene Erlebnisse ein - was war da alles zu sehen, das eben abseits der Autobahn liegt. Verschlafene mittelalterliche Ortschaften, verträumte Schlösser, die nicht von den Touristenbussen angefahren werden, Provinzmuseen, die ungeahnte Schätze bieten, Weingüter, die nicht in den großen Guides auftauchen.

Es ist eine Frage der Einstellung, ob wir etwas als unnötige Arbeit oder als Genuss empfinden. Wem es davor graust, sich abends nach einem langen Arbeitstag noch in die Küche zu stellen, Gemüse zu schnipseln, zu brutzeln und zu schmoren, wer es albern findet, den Tisch mit Kerzen, Stoffservietten und Blumen so aufwändig zu decken, als kämen Gäste, der verzichtet auf ein nahe liegendes Glück. Vor allem aber auf das Erlebnis, dass Zeit sich dadurch angenehm dehnt.

Genießen heißt, die sinnlichen Wahrnehmungen immer feiner zu entwickeln. Aus einem Eintopf alle Zutaten herauszuschmecken, aus einer Sauce die Gewürze und aus einem Wein die zahlreichen Aromen von Früchten, Hölzern oder Blüten. Genießen verlangt Aufmerksamkeit und Achtsamkeit. Es macht dankbar für Qualität, und es macht den Kopf frei, denn die Gedanken lösen sich während des Genießens von allem, was sie sonst gefangen hält: Wer aufmerksam einen Apfel isst, ist in diesem Augenblick ganz Apfel. Wer sich in einen Genuss vertieft, befriedigt eben nicht nur ein Gelüst, sondern versteht aus dem Bauch heraus, wie kostbar alles erst wird durch gesteigertes Bewusstsein.

Wenn der bewusste Genuss erhellend wirkt, drängt sich natürlich die Frage auf, warum in so vielen Religionen dann der Genuss verteufelt und die Askese als heilbringend angepriesen wird. Möglicherweise haben die Prediger beobachtet, dass Menschen, die genießen können, weniger Angst haben - also weniger leicht zu manipulieren sind. Denn diejenigen, die sich das Geheimnis der Lebensfreude erschlossen haben, durchschauen die Beweggründe, aus denen heraus ihnen der Genuss vermiest werden soll. Und sehen, dass zuweilen auch der Neid eine Rolle spielt: Oft sind es ja gerade diejenigen, die selber nicht sinnlich genussfähig sind, die den anderen die Lust madig machen wollen.

Besitzgier und Genussfreude werden von den Befürwortern der Askese gern als Geschwister angeprangert, eigentlich aber sind sie Gegensätze: Wer nur ans Raffen denkt, der findet das langsame Genießen hinderlich -

nicht nur das kulinarische, auch das erotische. Das scheint eine kulturelle Regel zu sein, wie der englische Schriftsteller D. H. Lawrence erkannte. »Der tiefe Glaube an das Leben«, schrieb er, als er das etruskische Kernland im Latium erkundete, »die Lebensbejahung scheint ein Kennzeichen der Etrusker zu sein. Man spürt das noch in den bemalten Gräbern.« Die großartigen Ausmalungen der Grabkammern machten ihm deutlich, worin der wahre Vorzug der Etrusker liegt: »In ihrer ungezwungenen Natürlichkeit und ihrem Lebensüberschwang. Sie haben nicht das Bedürfnis, dem Geist oder der Seele eine bestimmte Richtung aufzuzwingen. (...) Wir haben die Lebenskunst verlernt; und in der wichtigsten Wissenschaft von allen, der Wissenschaft des alltäglichen Lebens, der Wissenschaft des Verhaltens, sind wir völlige Ignoranten. Wir haben die Psychologie stattdessen.«

Dass die Römer den Lebenswandel der Etrusker lasterhaft schimpften, erscheint Lawrence nur konsequent: »Sie hassten den Phallus und den Schoß, weil sie Imperium und Herrschaft und vor allem Reichtümer - gesellschaftlichen Gewinn - erstrebten. Man kann nicht fröhlich zum Tanz der Doppelflöte tanzen und zugleich Völker knechten oder in großen Geldern wühlen.«

Was Lawrence besonders beeindruckte: dass die Lebensfreude den Etruskern die Angst vor dem Tod nahm. Denn sie waren davon überzeugt, die sinnlichen Schönheiten des irdischen Daseins müssten einen tieferen Sinn haben. Dass sie ihre Grabkammern mit Szenen ausmalten, die Jagdfreuden und Bankette, Konzerte und Liebesakte, Festmähler und Trinkgelage zeigten, belegt, dass sie davon ausgingen: So geht es nach dem

Tod weiter. Denn darin liegt das eigentliche göttliche Geschenk an die Menschen. Darin begegnen sie der Ewigkeit, im Diesseits wie im Jenseits.

In der Art des Genießens und dem, was dabei in uns vorgeht, liegt der große Unterschied: Wer sich das Beste gedankenlos reinzieht, ist im Grunde nicht weiter als ein Puritaner - beide verachten sie das Objekt der Begierde. Was der eine nicht mal der Beachtung würdigt, entwürdigt der andere, indem er es reinschlingt. Das gilt auch für die Liebe. Ein Don Juan behauptet zwar gern, er liebe die Frauen übermäßig, deswegen könne er keiner widerstehen. Doch eigentlich verachtet er sie ebenso wie der Asket.

Dass die Fülle des Daseins etwas Göttliches ist, glauben ja auch die Juden, Christen und Muslims, denn in ihrer Vorstellung ist das Paradies ein überreicher Garten - das hebräische Wort »pardes« bedeutet »Garten«. Oder, wie es heißt, »das Reich, wo Milch und Honig fließen«.

So gesehen ist es durchaus ein religiöses Erlebnis, sich den Genüssen bewusst hinzugeben.

Da sitzt eine alte Dame in der Abendsonne. Sie sitzt alleine vor einer Platte mit Meeresfrüchten in einem Fischrestaurant am Hafen von La Rochelle. Sie ist schön gekleidet, frisiert und geschmückt, als wolle sie auf ein Fest gehen. Trotzdem bleibt es unübersehbar: Sie ist sehr alt, und ihr Rücken ist schwer verkrümmt. Doch sie ist ganz in ihre private Feier versunken. Ganz langsam nimmt sie sich eine Auster, schließt die Augen, schnuppert an ihr, träufelt etwas Zitrone

darauf und gabelt sie achtsam aus der Schale. Langsam, ganz langsam.
Und wer immer ihr zusieht, würde sagen: »Sie isst andächtig.« ⇱

Demut gegenüber dem Wunderbaren ist nicht der Religion vorbehalten: Sie ist auch die angemessene Haltung des wirklichen Genießers, der aus jedem Essen ein Erntedankfest macht. In Japan ist es eine alte Tradition, sich vor einer Speise dankbar zu verneigen, bevor sie verzehrt wird. Und Eckart Witzigmann, einer der berühmtesten Köche der Welt, beurteilt einen Koch nicht etwa danach, wie routiniert und raffiniert er mit Produkten umgeht. »Wenn einer einen Fisch sofort packt, schuppt, ausnimmt - dann taugt er nichts. Aber wenn einer den Fisch ganz ehrfürchtig anschaut und seine Farben und sein Muster studiert, bevor er ihn bearbeitet, dann ist das einer, der das Zeug zu einem guten Koch hat.«
Demut gehört zur Kochkunst, Demut gehört aber auch zum Genießen, wenn es eine über sich hinausweisende Bedeutung haben soll. »Genuss ohne etwas darüber ist etwas Gemeines«, hat Christian Morgenstern gesagt.
Es gibt Genießer, die dauernd Ansprüche stellen. Das sind die falschen. Und es gibt Menschen, die wissen, dass der Genuss selbst Ansprüche an sie stellt. Das sind die wahren Genießer, denn sie beteiligen nicht nur Gaumen, Zunge und Nase, sondern auch die Seele an solchen Erfahrungen.
Dass sie uns vergönnt sind in einer Welt, die nach den Gnostikern oder Plotin allein Machwerk des Satans ist, bedeutet keinen Widerspruch. Genuss kann zwar eine

Versuchung sein, die wegführt von der Ethik. Aber er kann, richtig verstanden, auch zu ihr hinführen, indem er zum Nachdenken über den Sinn des Genießens bringt. Und das heißt doch nichts anderes als: andächtig machen.

Wie weniger mehr wird

Er hat im Dritten Reich fast alles verloren. Mit dem, was sie ihm für seine Fabrik und seine Villa gegeben haben, hat er sich in der Schweiz gerade noch die Einreise erkauft und einen kleinen Spießerbungalow. Sein Enkel kennt die Geschichte. Sie treibt ihn um. Dass der Großvater sich nie beschwert - das ist doch befremdlich. Es ist schließlich eine skandalöse Ungerechtigkeit, die ihm da widerfahren ist. Als er ihn eines Tages darauf anspricht, sagt der Alte grinsend: »Ich lebe. Und nichts haben ist eine ruhige Sache.« Dann blättert er in seiner Zeitung. »Außerdem komme ich seither endlich zum Feuilleton.«
Der Satz zahlloser Mütter und Großmütter, alles Schlechte habe auch sein Gutes, klingt für die meisten dumm, nicht tröstlich. Aber wer einmal alles verloren hat, findet ihn ganz schlau. Denn er merkt bei der Neuanschaffung, was ihm wirklich wichtig ist. Und daran, was er vermisst, was ihm besonders viel bedeutet hat.

Ein bekannter deutscher Autor hat durch einen Wohnungsbrand den größten Teil des Hausrats eingebüßt. Kleider, Möbel, teure Gardinen, Teppiche - alles ruiniert. Aber er leidet danach nicht so sehr darunter, dass jetzt der unersetzliche Biedermeier-Sekretär des Onkels fehlt, als dass seine Bibliothek bis zum Buchstaben W ab-

gebrannt ist. »Das ist wie ein Phantomschmerz«, sagt er, »wenn ich an mein Regal trete, um in meinem abgelesenen Rilke etwas nachzuschauen, und das Buch ist nicht mehr da.« Dann solle er es eben nachkaufen, sagen die Bekannten. Aber er weiß, dass es Jahre dauern wird, bis jedes Buch sich wie von alleine wieder dort aufschlägt, wo es ihm am meisten sagte.

Das alles sieht danach aus, als bräuchte es Katastrophen, damit wir uns von Ballast befreien. Als sei der Druck notwendig, um uns von vielem zu trennen, was verzichtbar ist, und endlich einmal das Wesentliche vom Unwesentlichen zu scheiden. Trennung, Verzicht, Verlust - das alles gilt als ein schmerzliches Erlebnis, und wer tut sich so etwas schon freiwillig an.

Mein Testament

Wenn ich tot bin, hinterlasse ich Güter von
unermesslich großem Wert:
Die Erde! Wälder und viele Wiesen!
Den Frühling und den Winter im Gebirge!
Das Meer!
Die Sonne und die Gnade Gottes!
All diese Reichtümer meines Lebens
hinterlasse ich Euch **ungeschmälert!!**

Lina Loos

Besonders schlimm für die meisten wäre der Verzicht auf das Fernsehen. Wer würde den Fernseher schon

freiwillig wegwerfen oder auch nur für einen Monat im Keller verschwinden lassen? Da steht er, großer Bildschirm, voll verkabelt, beste Tonwiedergabe. Und der soll nicht mehr angestellt werden?
Fernsehen ist für uns doch zum Synonym für Anregung geworden. Obwohl so viele vor der Kiste einschlafen.

Dass Fernseh' blöd macht? - also ich merk nix.

Matthias Richling

Den Fernseher auch nur einen Tag mal nicht anzuschalten - das macht vielen Angst. Denn es entsteht etwas, das sie kaum mehr kennen: Stille. Ein Unterhaltungsvakuum. Und wer füllt das, bitte? Was in dieser Situation als quälend empfunden wird, ist zuerst einmal das Eingeständnis: Ich habe mich daran gewöhnt, passiv zu sein, unterhalten zu werden. Selbst zu unterhalten - mich oder andere -, das habe ich verlernt.
Wer will denn schon zugeben: Mir selber fällt nichts ein. Deshalb müssen Sendungen her, die in der schnellsten Abfolge besonders viele Gags bieten. Jeder Produzent, jeder Regisseur, jeder Programmgestalter weiß: Es muss möglichst viel passieren, damit die Zuschauer am Ball bleiben, sonst fangen sie an zu zappen. Nur die Anzahl der Reize zählt, je dichter sie nebeneinander sitzen, desto besser. Es geht dabei nur um die oberflächliche, die horizontale Dimension von Reizen, nicht um die vertikale. Vertiefung hingegen bedeutet, aus einem einzigen Reiz mehr zu machen. Eine einzige Anregung so lange mit sich herumzutragen, bis sie sich

vervielfältigt, weil sie voll ist von Gedanken, die erst erschlossen werden wollen. Jeder billige Gag im Fernsehen ist in der Sekunde gegessen, in der er über den Bildschirm läuft. Geistige Vorräte anlegen kann damit keiner. Und solange die Kiste läuft, entsteht auch kein Bedürfnis, das zu tun, denn jeden Tag wird neues Fast Food geliefert.

Menschen, die Qualität suchen, geben sich damit nicht ab. Sie interessieren sich nicht für das schnell Verderbliche, sie suchen nach dem, was reift und gewinnt wie ein guter Wein. Und was ihr Leben nicht aufpeppt, sondern bereichert.

Lyrik erlebt seit Jahren eine Flaute. Doch manche, die schon etwas länger leben, behaupten, Lyrik komme immer erst in Zeiten der Not zu ihrem Recht. Denn ein Gedicht, das jemand auswendig kann, ist wie ein mentaler Dauervorrat, von dem es sich lange zehren lässt. Im alltäglichen Leben lieben wir Konzentrate, die kompakt sind: Das ist doch praktisch, denn ich schleppe nicht so viel mit mir herum. Die Idee, das aufs Geistige zu übertragen, kommt nur noch wenigen. Doch gerade dort bietet das stark Verdichtete uns die große Möglichkeit, aus wenig viel zu machen. Gute Poesie von Annette von Droste-Hülshoff oder Rainer Maria Rilke, von Rose Ausländer oder Paul Celan, von Wislawa Szimborska oder Hans Magnus Enzensberger ist wie eine kostbare, höchst intensive Essenz, die wir erst für uns erschließen müssen. Sie fordert unser bildhaftes Vorstellungsvermögen, unsere Assoziationen, unsere Phantasie – kurz: unsere aktive Beteiligung, die es bei der televisionären Verblödungskiste nicht braucht.

Aktiv werden wir nur, wenn's was bringt – zum Beispiel

ein unvergesslich schönes Erlebnis. Doch unvergesslich wird das, was wir erleben, meistens erst dadurch, dass wir selbst es aktiv dazu machen. Ein Besuch im Pariser Louvre ist - bis auf das Schlangestehen - schnell vergessen, wenn er nur genau das bot, was man schon vorher kannte: Venus von Milo, Mona Lisa und noch ein paar Highlights. Dorthin zu gehen, um ein ganz unspektakuläres Stillleben Chardins zu betrachten, das nichts als einen goldbraunen Hefekuchen zeigt, oder ein Bild von Watteau, das Rätsel aufgibt und vielleicht erst nach einer halben Stunde schlagartig seinen Sinn erhellt - das bleibt hängen im Gedächtnis. Es ist artig, in einem Museum oder einer Ausstellung gewissenhaft alle Exponate zu absolvieren mit einer durchschnittlichen Verweildauer von einer Viertelminute, bringt aber nichts als das Gefühl, die Hausaufgaben erledigt zu haben. Sich stattdessen auf ein paar wenige Ausstellungsstücke, vielleicht nur ein einziges Bild zu konzentrieren, kann hingegen richtig aufregend sein. Denn Bedeutung gewinnt für mich nur, was ich deute, in einen Bezug zu mir bringe und damit einordne in meinen privaten Kosmos. Eigentlich sehr beruhigend, dass nicht derjenige am meisten profitiert von der Kunst, der fleißig möglichst viel durchkaut, sondern derjenige, der sich die Rosinen herauspickt. Ob es um Musik, Bildende Kunst oder Literatur geht: Indem ich ein paar wenige Werke kennen lerne, lerne ich mich selber kennen.

Da habe ich mit vierzehn zum ersten Mal »Die Bilder einer Ausstellung« von Mussorgski in der Orchesterfassung von Ravel gehört und war fasziniert von der orchestralen Vielfalt, vom Reichtum der Klangfarben.

Zehn Jahre später empfinde ich bei diesen Klängen die Melancholie und das Abgründige. Mit vierzig eröffnet mir dieselbe Musik, in ihrer ursprünglichen Version für Soloklavier, erst ihre Überlegenheit und Abgeklärtheit. Meine seelische Entwicklung spiegelt sich in meinem Erleben dieser Kunst. Sie ist so reich, dass ich mich ein Leben lang in ihr entdecken kann. Und mich dabei selbst verstanden fühlen kann, so als drücke die Kunst genau das aus, was ich empfinde - meine Art von Schmerz, meine Überschwänglichkeit, meine Verliebtheit.

Das Schöne heute, wo jedem die Museen, Ausstellungen und Kunstbücher zugänglich sind: Niemand muss Kunst besitzen, um sich mit ihr zu befassen und sie zu genießen. Nicht das Sammeln von Objekten, vielmehr das Sammeln von Erfahrungen bereichert. Und wer über diesen Reichtum verfügt, kann davon abgeben und möchte das auch. Er ist derart entflammt von einer Symphonie oder einem Jazz-Recital, von einem Song oder einer Opernarie, dass er die anderen dafür begeistern möchte. Aber es geht dabei nicht ums Missionieren, es geht ums Teilen. Und auch ums Hergeben. Sie können Ihre Lieblings-CD natürlich ausleihen und sich darüber ärgern, wenn sie nicht zurückgegeben wird. Oder Sie verschenken sie gleich und trennen sich ganz bewusst von etwas, was Sie lieben. Das ist eine wunderbare Übung zum Loslassen, zum Sparen selbstverständlich nicht. Ökonomische Naturen legen sich lieber eine Kiste mit Geschenken an, die sie gern wieder loswerden wollen. Doch eine solche Wanderbonbonniere hinterlässt bei dem, der sie verschenkt, ein noch schaleres Gefühl als bei dem, der sie kriegt.

Eine Sommernacht im Juni in Sankt Petersburg. Eine der weißen Nächte. Noch heißt die Stadt Leningrad, und noch ist dort Einkaufen so spannend wie die Disco-Szene - es gibt fast nichts. Die junge Frau aus München geht mit ihrem Geliebten am Newa-Ufer spazieren, wie es Hunderte junger Frauen von hier mit ihren Geliebten auch machen. Plötzlich bleibt eine in ihrem Alter, in ihrer Größe vor ihr stehen und fragt lächelnd etwas auf Russisch. »Ich versteh' dich nicht«, signalisiert die Münchnerin. Dann sagt es die Russin auf Französisch: »Dein Kleid ist genau das, was ich gern nächste Woche bei meiner Hochzeit anziehen würde. Wo gibt's das?«
Zwei Minuten später verschwinden die beiden Frauen hinter der Uferböschung und tauschen die Kleider. Und die Münchnerin fühlt sich in den billigen Jeans der Russin einfach großartig.

Das Loslassen, nicht das Festhalten beschert uns solche Erinnerungen. Und es lässt sich in jedem Alter trainieren, denn es gibt auch Lockerungsübungen für die Seele.

Was die Angst vor dem Absprung nimmt

Er hat seine mündliche Abschlussprüfung und spürt am Morgen, wie ihm die Knie zittern, wie alle Kraft aus seinem Körper zu weichen scheint. Die eineinhalb Stunden Rigorosum, die er heute hinter sich zu bringen hat, scheinen ihm lebensbedrohlich. »Ich fühl mich, als ginge ich zur Hinrichtung«, sagt er seiner Mutter am Telefon.
»Dann denk doch einfach dran, wie es jemand geht, der heute Morgen wirklich hingerichtet wird. Und zwar unschuldig, wie so viele. Stell dir einfach vor, wie das wäre, wenn dich jetzt einer in Handschellen zum Galgen oder auf den elektrischen Stuhl führt. Findest du es dann immer noch so schlimm, mit deinem seit Jahren vertrauten Doktorvater so lange zu reden, wie ein Mittagessen dauert?«

Es sieht manchmal so aus, als balle sich das Unglück über Ihrem Kopf zusammen. Nur über Ihrem, denn jedem um Sie her geht es um Welten besser. »Alles hat sich gegen mich verschworen«, hieß der Seufzer früher. »Ich bin negativ bestrahlt«, heißt er heute. Oder: »Das Schicksal hat was gegen mich.«
Dass es so aussieht, hat einen simplen Grund: weil Sie nur genau das sehen. Man könnte auch sagen: nur das genau sehen. Denn was wissen Sie schon über den Kollegen, der an demselben Tag, an dem Ihnen gekündigt oder Sie abgemahnt wurden, befördert worden ist? Er fährt ein größeres Auto, hat noch mehr Haare auf dem

Kopf, und seine Frau ist attraktiver als Ihre. Aber auf was er alles verzichtet hat, um sich diese Karosse zu leisten, ob er vielleicht darunter leidet, dass ihm sein Gemächt zu wenig mächtig vorkommt, und ob seine Frau ihn nicht seit Monaten betrügt mit irgendeinem Studenten, der mehr Zeit hat, das wissen Sie nicht. Persönliches Pech erscheint umso größer, je mehr wir uns auf unsere Person konzentrieren.

Relativieren beginnt mit dem Vergleichen. Doch es kommt darauf an, womit. Je emsiger wir uns nämlich mit vermeintlich Beschenkten und Begünstigten vergleichen, desto unzufriedener sind wir. Sinnvoll zu relativieren macht hingegen zufrieden. Und das Gute an dieser Übung: Jeder Tag liefert uns dazu Übungsmaterial. Es ist allerdings leicht zu übersehen.

Beim Frühstück haben Sie mit der ersten Zigarette aus lauter Nervosität den Teppichboden mit Asche versaut. Während Sie die aufsaugen, brennt ihr Toast an. Weil Sie einen neuen machen müssen, fährt Ihnen der Bus vor der Nase weg. Und nun fängt es auch noch an zu regnen, und selbstverständlich haben Sie keinen Schirm dabei. Heute soll anscheinend alles schief gehen. Am besten wäre es, gleich wieder heimzufahren und sich ins Bett zu legen, denn Sie sind offenbar vom Pech verfolgt. Da überquert eine junge Frau im Rollstuhl vor Ihnen den Zebrastreifen. Sie schaut zufrieden und scheint von dem Regen gar nichts zu merken.

Das Sinken geschieht um des Steigens willen.

Buch Sohar/Talmud

Ob sich dadurch Ihr eigenes Unheil relativiert, hängt davon ab, ob Sie die Gelegenheit dazu nutzen. Hört sich abstrakt an und wenig hilfreich, wenn jemand Ihnen rät: »Tritt doch mal drei Schritte zurück. Gewinn doch mal Abstand zu deinen Problemen.« Wie soll das gehen?

Der Vorschlag ist dann aber ziemlich leicht umzusetzen, wenn Sie sich das mit dem Abstand konkret vorstellen. Sie können die folgende Übung als Meditation bezeichnen oder, wenn Ihnen das zu abgedroschen klingt, das Ganze als Seelengymnastik nehmen.

Stellen Sie das Radio und den Fernseher ab, setzen Sie sich in einen bequemen Sessel, schließen Sie die Augen, und sehen Sie sich selbst hier sitzen. In diesem Sessel, in diesem Zimmer. Visualisieren Sie dann Ihre Wohnung, dann das ganze Haus aus der Vogelperspektive. Machen Sie nun weiter wie bei einem umgekehrten Zoom: Weichen Sie immer weiter nach oben zurück, und gewinnen Sie mehr und mehr Überblick. Sehen Sie nun das Haus in Ihrer Straße stehen, die Straße, wie sie in dem Stadtviertel verläuft, schließlich die ganze Stadt wie vom Flugzeug aus. Und Sie steigen weiter. Sehen die Stadt in der Landschaft liegen, Wälder, Felder und Seen, Straßen fadendünn, dann das ganze Land, schließlich die Nachbarländer, den Kontinent, auf dem Sie leben. Und zu guter Letzt sehen Sie den ganzen blauen Planeten, als blickten Sie vom Mond aus auf ihn herab, wie er durch das eiskalte tiefschwarze Vakuum des Alls saust mit beinahe

30 000 Kilometern pro Sekunde auf seiner Bahn um die Sonne, jeden Tag, das ganze Jahr, Jahrtausende schon. Seit Millionen von Jahren und für weitere Jahrmillionen. ⇛

Dass gerade manche Astrophysiker sehr gelassene und nachdenkliche Menschen sind, können wir ebenfalls als Anregung nutzen. Nicht, um noch Astrophysik zu studieren, doch um sich dieselbe Frage zu stellen wie sie.

⇚ *Machen Sie einen Spaziergang, suchen Sie sich eine stille Bank aus, und schauen Sie von dort aus in die Natur. Und lassen Sie die Frage in sich aufsteigen: Warum gibt es überhaupt etwas? Warum gibt es nicht einfach nichts? Versuchen Sie, sich den Augenblick vorzustellen, als aus dem Nichts zum ersten Mal etwas entstand. Die Astrophysiker sprechen vom Urknall und rechnen uns genau vor, was in den ersten Minuten danach geschah. Wie die Energie explodierte, sich zu Materie verdichtete, zugleich der Raum entstand und die Zeit begann. Dann versuchen Sie stattdessen, sich den letzten Moment vor dem Urknall vorzustellen. Wie, woher und warum kam denn jene Energie in die Welt, wenn vorher nichts da war?* ⇛

Diese Übung macht vielleicht zuerst einmal Angst, aber wer mit ihr vertraut wird, merkt, dass sie vor allem bescheiden macht. Auch große Wissenschaftler wie den Molekularbiologen Friedrich Cramer: »Eine der wichtigsten Randbedingungen von Wissenschaft«, schreibt er, bestehe darin, »dass sie die Frage nach dem Sinn des Daseins niemals stellen kann und darf. Wissenschaft ist ein begrenzter, obwohl heutzutage sehr wichtiger Aspekt unseres Daseins, aber mit dem *Sinn des Lebens*, den Fragen *Warum sind wir auf dieser Erde?, Warum entstand der Kosmos?, Gibt es ein göttliches Wesen?, Was ist Sinn und Ziel der Schöpfung?* kann und darf sich Wissenschaft nicht befassen.«

Er als Wissenschaftler sieht die Kompetenz zu solchen Fragen in nicht wissenschaftlichen Bereichen: »Religion, Kunst, Mythologien, Liebe, Nachdenken über den Tod können niemals zu Wissenschaften werden - und das ist gut so. Sie stehen als Sinn stiftende Aktivitäten des menschlichen Bewusstseins außerhalb und über dem Bereich der Naturwissenschaften.«

Lassen Sie sich also von einem Wissenschaftler dazu anregen, in einer Buchhandlung nach Büchern zu suchen, die Weltentstehungsmythen der verschiedensten Kulturen schildern. Alle besitzen sie eine große und starke Bildhaftigkeit, und viele der Bilder ähneln sich. Denn nur in archetypischen Bildern vermochten die Menschen sich vorzustellen, wie aus dem Nichts etwas wurde. Die Wissenschaft darf diese Frage gar nicht stellen, weil sie sich damit an etwas vergehen würde, was bedeutender ist und höher steht als jeder Erkenntnisdrang. Es liegt ein Sinn darin, dass wir uns damit abfinden, diese Frage offen zu lassen. Nur so bleibt jenes für alle Menschen Unerreichbare, Unantastbare erhalten, aus dem das kommt, was wir als das Transzendente erleben. Wenn wir uns eingestehen: Es gibt eine Grenze der Erkenntnis - dann ist es nicht nur möglich, zu glauben. Es ist notwendig. Wir haben uns den Him-

melsglauben mit unserer wissenschaftlichen Neugier zerstört und das Reich, wo in der menschlichen Phantasie Götter wohnen konnten, unrettbar banalisiert. Doch irgendwo müssen wir uns gedanklich einen Raum belassen, der niemals erobert, niemals entweiht werden kann. Und seine Unschuld ewig behält.
An ihm gemessen ist jede vermasselte Prüfung lächerlich, jeder finanzielle Verlust, jeder Ehekrach. Mentale Übungen, wie sie hier beschrieben worden sind, helfen, viele vermeintlich übermächtige Hindernisse, Ängste und Sorgen zu relativieren. Uns selbst weniger wichtig zu nehmen. Nur - wie schaffen wir es, auch unseren eigenen Tod zu relativieren? Die Angst davor Schritt für Schritt abzubauen?
Das Ziel dieser Übung ist klar: sich mit der eigenen Kleinheit und Endlichkeit abzufinden, zu leben mit der Unsicherheit, was nach dem Tod kommt. Denn dann schlägt die Angst um in heitere Gelassenheit.
Erleuchtete Zen-Mönche lachen haltlos über das, was andere zur Verzweiflung treibt. Sie ziehen durchs Land mit nichts als einer leeren Schale, in die sie sich den Reis erbetteln, und finden es ungeheuer komisch, dass irgendwer mehr braucht.

Ein Zen-Buddhist haust in einer abgelegenen Hütte, in der nichts ist außer seiner Decke, seiner Kopfstütze und seiner Reisschale. Eines Nachts bricht ein Räuber ein, der ihm auch das noch wegnimmt. Als der Räuber verschwunden ist, setzt sich der Eremit ans Fenster und schaut in den Himmel. »Er hat ihn mir gelassen -«, sagt er lächelnd, »den Mond im Fenster.«

In einem Crashkurs ist Abgeklärtheit so wenig zu lernen wie die Überwindung unserer Angst vor dem Tod. Wer jedoch täglich den Gedanken an den Tod kommen lässt, ohne ihn zu verjagen, sich mit ihm anfreundet und vertraut macht, spürt, wie die Angst schrumpft. Denn was uns vertraut ist, schreckt uns nicht mehr. Im Sport erscheint uns das völlig selbstverständlich.

Wenn Sie morgen zur Skisprungschanze in Innsbruck geführt werden, mit dem Lift nach oben gebracht, dort Skier angeschnallt bekommen und mit einem Schubs in die Spur gestoßen werden, so dass es in schwindelerregender Abwärtsfahrt auf der Schanze nach unten geht, werden Sie vermutlich verzweifelt schreiend und zitternd, vielleicht mit geschlossenen Augen, jedenfalls ohne jede Chance, sich irgendwo festzuhalten oder zu bremsen, in den Abgrund rasen. Und sich nach einem fürchterlichen Sturzflug das Genick brechen. Die Skispringer jedoch, die von Kindheit an den Sprung geübt haben, erst auf niedrigen Schanzen, dann auf immer höheren - sie fliegen vor den Augen begeisterter Zuschauer gekonnt und elegant, mit perfekter Körperbeherrschung, und landen sicher und unversehrt.

So unterscheidet sich auch der Abschied vom Leben bei Menschen, die diesen Abschied im Kopf eingeübt haben und mit ihm vertraut sind, von der Panik derer, die sich damit nie befassen wollten und völlig unvorbereitet vor dem Abgrund stehen.

In sehr vielen Nah-Tod-Erlebnissen wird berichtet: Im letzten Moment - also beim Sprung von der Schanze - ziehe das ganze Leben in Sekunden noch einmal an einem vorüber. Auch das ist ein Gedanke, der für viele wie eine Drohung klingt, der sie panisch macht. Denn

wenn wir dann noch eine letzte Frage beantworten müssen, heißt sie bestimmt nicht: Was war dein höchster Jahresumsatz? Sondern: Wer war glücklich, dass du gelebt hast?
Um uns auf die Antwort vorzubereiten, haben wir Zeit: ein Leben lang.

Was es heißt, seine Seele zu verkaufen

Er ist einer der Besten seines Fachs, umworben und bewundert. Keiner versteht mehr als er von diesem komplizierten Instrument. Die Orgel ist sein Lebensinhalt. Sein Oboenregister klingt wie eine vollkommen gespielte Oboe, und wenn er will, kann er aus den Orgelpfeifen den Ruf des Kuckucks oder der Nachtigall ertönen lassen. Trotzdem hat auch er es noch nicht geschafft, das zu erfinden, was jeder in seinem Fach erfinden will: ein Register, das der menschlichen Stimme so ähnlich ist, dass jeder überzeugt ist, es singe jemand. Da kommt unerwartet einer, der verspricht: »Ich verhelfe dir zu dem, was dir fehlt.« Selbstverständlich nicht umsonst. Was er als Gegenleistung erwartet? Der ehrgeizige Orgelbauer soll etwas hergeben. Nein, kein Geld, nicht sein Haus, nichts, was eine sichtbare Lücke hinterlässt. Was er will, das sieht ohnehin keiner, kann keiner beschreiben, und den Preis festlegen kann auch niemand. Also - was soll's? Der Orgelbauer unterschreibt den Vertrag. Und erreicht, was noch keiner vor ihm erreicht hat, sein höchstes Ziel: Er erfindet die Vox humana, die menschliche Stimme auf der Orgel. Doch sein Ende ist entsetzlich. Denn sein Geschäftspartner holt sich ab, was er ausgehandelt hat: die Seele.

»Kinder brauchen Märchen«, hat der Psychoanalytiker Bruno Bettelheim gesagt - Erwachsene könnten sie allerdings auch brauchen, gerade diejenigen, denen

Märchen und Legenden albern vorkommen. Was da dem Orgelbauer Joseph Gabler nachgesagt wurde, der im 18. Jahrhundert das berühmte Instrument in der Klosterkirche von Weingarten gebaut hat, ist nicht einfach üble Nachrede abergläubischer und neidischer Menschen. Zugegeben: Sicher sind viele solcher Geschichten gewachsen aus Missgunst, Furcht und Unverständnis. Mit Teufelsbünden versuchte man, sich überdurchschnittliche Leistungen, Erfindungen, Entdeckungen zu erklären, die für die meisten anderen etwas Dunkles, Unheimliches an sich hatten. Selbst ein Papst, Sylvester II. (999-1103), wurde des Seelenverkaufs bezichtigt, wenngleich es keiner wagte, ihn deswegen anzuklagen. Der Grund für den teuflischen Verdacht: Der französische Geistliche war zugleich ein bedeutender Gelehrter mit umfassenden mathematischen und naturwissenschaftlichen Kenntnissen. Was ihm verübelt wurde, war, dass er im höchsten Kirchenamt den Ehrgeiz besaß, sich noch anderen Dingen zuzuwenden. Prompt wurde nach seinem Tod das Gerücht verbreitet, er habe sterbend seine Seele dem Teufel überlassen müssen, wie vertraglich vereinbart.

Die Geschichten vom Seelenverkauf haben in allen Jahrhunderten, Kulturen, Traditionen und Gestalten denselben Grundgedanken: Ein Mensch wird vom Teufel dadurch versucht, dass der ihm Macht verspricht – sei es Macht durch Besitz oder immense geistige, wissenschaftliche, schöpferische Fähigkeiten. Der Teufel nutzt es aus, dass diese Menschen eine egomane Sucht beherrscht, die sie skrupellos, haltlos und letztlich nihilistisch macht; denn außer dem einen fanatisch verfolg-

ten Ziel gibt es keinerlei Werte mehr. Um diese Sucht zu befriedigen, ist ihnen jedes Mittel recht.
Genau das ist ja auch zentrales Motiv aller Faustdichtungen von der »Historia von D. Johann Fausten« aus dem Jahr 1567 bis zu Goethes Fassung, ja sogar bis zu Thomas Manns »Doktor Faustus«. Darin geht es um das haltlose Geltungsbedürfnis einer faustischen Gestalt, des Komponisten Adrian Leverkühn - er verkauft seine Seele, bloß um kein Epigone zu sein, sondern ein genialer Erneuerer.
Jemanden des Teufelsbunds und des Seelenverkaufs zu bezichtigen hatte allerdings sehr oft üble Beweggründe - gerade gelehrten Frauen versuchte man so den Garaus zu machen, wie die Geschichte der Hexenverfolgung aufs Grausamste belegt.
Das hört sich so an, als könne ein aufgeklärter Mensch der derart missbrauchbaren Vorstellung vom Seelenverkauf nichts abgewinnen, sondern müsse ihn aburteilen als einen Mythos aus abergläubischer Vergangenheit, den keiner ernst nimmt. Schließlich werden heute keine Hexen mehr verbrannt.
Doch es gibt nach wie vor eine altmodische Redewendung, die gerne benutzt und überall verstanden wird: »Dafür würde er sein Seelenheil verkaufen«. Es gibt sie eben noch immer und wird sie auch immer geben: Menschen, die für ein einziges Ziel alle Skrupel, Zweifel und ethischen Prinzipien über Bord werfen, auch wenn sie sich heute sogar mit Mildtätigkeit tarnen. Ob jemand uneingeschränkter Herrscher über die Computerwelt sein will und dafür auch erpresserische Methoden nicht scheut oder ob jemand, um einen Vorstandsvorsitz zu ergattern, über Leichen geht - er meint

zu gewinnen, doch er hat etwas verloren, auch wenn diesen Verlust keiner sehen kann.
Die Seele verkaufen ist ein brandaktuelles Thema, denn letztlich ist damit nichts anderes gemeint, als die Seele und alles, was mit ihr zu tun hat, völlig zu vernachlässigen. Wer heute seine Seele verkauft, kümmert sich lieber um die Expansion seiner Firma als um die Familie, lieber um die Mitgliedschaft in einem Golfclub als um die Ängste seiner Kinder, lieber um die Super-Stereoanlage im Auto als um den Freund, der gerade seinen Job verloren hat, lieber um das Fettabsaugen am Hintern als darum, dass der eigene Mann gerade im Büro gemobbt wird.
Die modernen Versucher sind rund um die Uhr zur Stelle: Der Gedanke an den Tod lässt sich perfekt durch pausenloses TV-Unterhaltungsprogramm verdrängen, durch Katalogblättern und Ebay, und die Sinnfrage durch die bedrängenden Fragen der In- und Out-Listen. Jetzt dabei sein und voll im Trend sein, das zählt. Um Seelenheil und Metaphysik kann man sich ja im Alter kümmern.
Wir sind heute fast alle der Ansicht, es sei ein natürlicher Tod, am Alter zu sterben, und lassen uns gerne suggerieren, der Tod sei berechenbar wie ein Sparkonto. Wenn er dann unerwartet ins Leben einbricht, dann haben es die, die ihre Seele verkauft haben, schwer. Aber dagegen ließe sich leichter vorbeugen als gegen jede Krankheit.

Warum der Tod nicht panisch machen muss

Der Lieblingsdiener stürzt ins Gemach des Sultans, wirft sich seinem Herrn zu Füßen und bittet ihn um sein schnellstes Pferd: Er müsse nach Basra fliehen. Denn im Park stünde der Tod und strecke bedrohlich die Hände nach ihm aus.

Der Sultan gibt dem Lieblingsdiener das Pferd. Dann geht er in den Garten und sieht wirklich den Tod dort stehen. »Was fällt dir ein, meinen Diener zu bedrohen?«, fragt er ihn.

»Ich habe ihn nicht bedroht«, sagt der Tod. »Ich habe nur meine Arme gehoben, weil ich erstaunt war, ihn noch hier zu sehen. Ich bin nämlich in fünf Stunden mit ihm auf dem Markt von Basra verabredet.«

Dass wir auf den Gedanken an den Tod panisch reagieren, ist nicht natürlich, aber normal. Der Tod erscheint schon deswegen bedrohlich, weil wir ihn uns nicht vorstellen können. Weil er sich in jeder Hinsicht entzieht – unserer Einbildungskraft und unserem Einfluss: Die meisten Menschen ängstigen sich vor einem Ende, das sie nicht selber bestimmen oder beschließen. Den Partner zu verlassen macht weniger Angst, als verlassen zu werden. Zu kündigen ist weniger schlimm, als gefeuert zu werden.

Panik entsteht, wenn wir in einer Situation vergeblich

einen Ausweg suchen, statt den Weg zu gehen, den sie vorgibt. Der schrecklichste Tod scheint uns der, zu dem ein Mensch durch ein Strafgericht verurteilt wird, denn dieser Tod ist nicht nur ungewollt, er ist widernatürlich; die Natur, der Körper sehen ja noch kein Ende vor. Trotzdem gibt es sogar in dieser Situation Menschen, die nicht von verständlicher Panik gebeutelt werden, sondern völlig gelassen reagieren.

Frankreichs Königin Marie-Antoinette, die die Achtung der Menschen verloren hatte durch sinnloses Verpulvern von Geld, durch haltlose Selbstsucht und Eitelkeit, aber auch durch erfundene Gerüchte über ihre Verschwendungssucht und Amoral, gewann diese Achtung im letzten möglichen Augenblick zurück: auf dem Weg zum Schafott.

In einem weißen Kleid, den kahl geschorenen Kopf nur mit einer einfachen Haube bedeckt, wurde sie am 16. Oktober 1793 nicht etwa wie ihr Mann im geschlossenen Wagen zur Place de la Révolution geschafft, sondern auf einem offenen Karren, den Schmähungen der aufgegeilten Masse ausgesetzt. Gottverlassen, aber stolz, aufrecht und tränenlos saß die 38-Jährige dort – der Revolutionskünstler Jacques Louis David hat es gezeichnet.

Es fällt schwer, den Tod nicht als Gegenteil, sondern als Ziel des Lebens zu sehen. Aber auf dieses Ziel bewegen wir uns unaufhaltsam zu. Wir können versuchen, das zu ignorieren, oder sogar, uns dem zu widersetzen. Wir können angesichts des Todes noch versuchen, mit aller Kraft gegen den Strom zu schwimmen, oder aber uns dem Strömen hingeben, und zwar positiv im Sinn der Hingabe. »Todesruf ist auch Lebensruf.

Der Tod wird süß, wenn wir ihn bejahen, wenn wir eine der großen ewigen Formen des Lebens und der Verwandlung annehmen«, hat Hermann Hesse gesagt.
Das hört sich sehr abstrakt an, wie die Worte eines Predigers, die von den Gläubigen zwar vernommen, jedoch nicht wirklich angenommen werden. Erscheint es uns doch absurd, ja unvorstellbar, freudig Ja zu sagen zur Vernichtung unserer eigenen Existenz. Wie das geht, hat ein Mann vorgemacht. Und die, die dabei waren, hat das derart beeindruckt, dass sein Umgang mit dem Tod mindestens so berühmt wurde wie das, was er als Philosoph im Leben geschaffen hat. Und wie sein Werk uns nur durch die Aufzeichnungen seiner Schüler bekannt ist, so erscheint sein Tod im Spiegel ihres Erlebens.
399 vor Christus wurde der Berufsprovokateur Sokrates von drei reaktionären Politikern »wg. Einführung neuer Götter und Verführung der Jugend« angeklagt und zum Tod durch den Schierlingsbecher verurteilt. Am Tag seiner Hinrichtung besuchen ihn Schüler und Freunde zum letzten Mal im Gefängnis. Sokrates' berühmtester Schüler Platon hat diesen grandiosen Abgang im Nachhinein aufgezeichnet – als einen Augenzeugenbericht, den ein anderer Schüler namens Phaidon einem dritten, dem Echekrates, erstattet, der das Ganze nicht miterlebte. Es ist bis heute bewegend und faszinierend, wie nah und gegenwärtig uns der Tod des antiken Denkers wird – als stünden wir selber an seinem Sterbelager.
Sokrates wirkt keineswegs verzweifelt oder gar panisch, er wirkt gelassen, sogar glücklich. Weil seine Schüler sich darüber wundern, erklärt er, warum es ihm ange-

sichts des Todes so gut geht. Schließlich sei er Philosoph, und wer das ernsthaft betreibe, der sehne sich sein Leben lang nach dem Tod. Warum also solle er dann davor zurückschrecken, wenn es so weit ist?
Schließlich sei der Tod nichts anderes als die Trennung der Seele vom Leib. Tot sein heiße: Der Leib ist abgesondert von der Seele für sich allein, die Seele ist abgesondert vom Leib für sich allein. Und das sei für die Seele ein idealer Zustand: Endlich könne die Seele selbst die Dinge an sich erkennen. Bei der Wahrnehmung durch die Körpersinne sei die Erkenntnis hingegen immer verfälscht. Die Sinne sind aus der Sicht des Sokrates also nur ein großes Ablenkungsmanöver vom Eigentlichen. Zudem, sagt er, sei es für die Seele eine wahre Befreiung, den Körper endlich los zu sein, der sich mit seinen Bedürfnissen, Ängsten und Begierden nur wichtig gemacht und an der wahren Einsicht gehindert habe.
Ein Philosoph, meint Sokrates, sollte sich möglichst wenig um Essen, Trinken, Sex, schöne Kleider und andere Äußerlichkeiten kümmern, sondern sich seiner Seele zuwenden. Doch der Philosoph ist für Sokrates eben auch eine außergewöhnliche Existenz, das Idealbild eines Menschen. Ihm ist klar, dass die meisten nicht imstande sind, so entsagungsvoll und verinnerlicht zu leben, damals so wenig wie heute. Und für genau die, das heißt die Mehrheit der Menschen, ist der Tod so betrachtet nur von Vorteil, denn er erledigt für sie, was sie aus eigener Kraft nicht schaffen: Er befreit ihre Seele von jenem Ballast.
Wie gut diese Befreiungsaktion funktioniert, hängt allerdings nach Sokrates sehr stark vom vorausgegange-

nen Leben ab. Es gibt Seelen, sagt er, die ganz von ihrem Leib bezaubert waren und ihn als das Wichtigste und Eigentliche empfunden haben; leibartig nennt Sokrates diese Seelen deswegen, die gar nichts anderes kannten als den Körper und dessen Interessen und Gelüste. Es liege nahe, meint Sokrates, dass es solchen Menschen schwer fällt, sich vom Körper zu trennen, und sie sich danach sehnen, wieder körperlich zu werden. Deswegen, glaubt er, werden sie auch bald wiedergeboren in einem neuen Leib.

Diese Vorstellung ist dem buddhistischen Denken durchaus verwandt, denn auch dort entscheidet die Erdgebundenheit einer Seele darüber, ob sie bald wieder einen neuen Lebenszyklus beginnt oder für immer davon erlöst wird.

Die Schüler und Freunde nutzen die letzte Gelegenheit, mit Sokrates über die Seele zu debattieren. Wie soll man sie sich vorstellen? Beherrscht die Seele den Körper, oder ist umgekehrt die Seele nur eine Funktion des Körpers? Ein Schüler bringt den Vergleich der Seele mit der Stimmung eines Musikinstruments. Auch die Stimmung sei »etwas Unsichtbares und Unkörperliches, Schönes und Göttliches«. Das Instrument aus Holz und Saiten ist aber körperlich und irdisch, also dem sterblichen Körper verwandt.

Ein schönes Bild, das zuerst einmal alle begeistert. Aber ein fehlerhaftes. Denn es bedeutet ja: Die Stimmung kann nicht existieren ohne das Instrument. Wenn aber, wie Sokrates sagt, die Seele unsterblich ist – wo befindet sich denn analog gedacht die Stimmung, bevor das Instrument entstanden ist? Und wo bleibt die Stimmung, wenn man das Instrument zerstört?

Die Seele, folgert Sokrates, ist also der Stimmung keineswegs vergleichbar, denn sonst würde sie ja mit dem Körper verschwinden. Genau das jedoch widerspricht für ihn dem Wesen der Seele. Die Seele, sagt er, ist kein Ding. Ein Ding kann durchaus aus seinem Gegenteil hervorgehen und sich in sein Gegenteil verwandeln: Aus dem Kompost verwester Pflanzen gehen neue Pflanzen hervor, und das Lebendige, die Pflanze, verwandle sich wieder in etwas Totes, den Kompost. Doch die Seele sei ein Prinzip - eine Idee wie die des Guten. Und eine Idee in diesem Sinn könne niemals ihr Gegenteil werden, sie müsse ihrem Wesen treu bleiben in ihrer Beschaffenheit, in ihren Eigenschaften, ihrer Qualität. Das Wesen der Kälte bleibe immer die Kälte, das der Wärme die Wärme, sagt er. Sein Beispiel: Scheint die Sonne auf den Schnee, wird die Kälte nicht warm, sondern sie zieht sich zurück, sie weicht der Wärme, aber sie verwandelt sich keineswegs in ihr Gegenteil. Und das Wesen der Seele sei die Belebung der Materie. Die Seele kann folglich ebenso wenig ihr Gegenteil annehmen - den Tod. Deswegen muss sie unsterblich sein.

Dann redet Sokrates darüber, wie die Welt gebaut sei. Er beschreibt seine Topographie des Kosmos, die Erde und die höhere Wirklichkeit, aber auch die Unterwelt mit ihren Flüssen. Und er schildert die unterschiedlichen Schicksale der Seelen im Jenseits. Zuletzt aber relativiert er selbstironisch seine Aussagen: Kein vernünftiger Mensch könne behaupten, dass das alles genau so zutreffe. Aber von der Denkrichtung her sei das Ganze wohl überzeugend. Und auch wenn es keine Gewissheiten geben kann, keine Sicherheiten, lohne es sich, so

Sokrates, den Glauben an die Unsterblichkeit der Seele zu wagen. Es sei ein schönes Wagnis. Anders gesagt: Es gibt keine Landkarten fürs Jenseits und keinen Fahrplan für das Seelenschicksal, auch keine genauen Angaben zur zukünftigen Behausung der Seelen. Dass aber die Vorstellung, es gebe eine solche Welt nach der Welt, der Seele zuträglich und deshalb sinnvoll ist. Gerade in der Stunde des Todes. Denn kurz vorher haben bereits zwei der Schüler Sokrates gestanden, sie hätten eine kindliche Angst vor dem Tod wie vor einem Gespenst. Und er hat sie nicht etwa darauf vertröstet, irgendwo und irgendwann werde von irgendwem das Patentrezept gegen diese Angst geliefert. Sie müssten sich vielmehr selber darum kümmern und verfügten auch selber über das Mittel: »Dieses Gespenst müsst ihr täglich besprechen, bis ihr es bannt.«

Besprechen, beschwören - das sind die alten Vokabeln für das, was heute Autosuggestion heißt.

Das Moderne an der Sterbeszene des Sokrates in Platons »Phaidon« ist: Im Dialog mit den Schülern und Freunden kommen alle Fragen aufs Tapet, die uns heute am Herzen liegen. Nichts wird ausgeklammert, auch das Banale nicht: Sokrates beschließt, ein Bad zu nehmen, um den Frauen die Arbeit des Leichenwaschens zu ersparen. Und Sokrates beantwortet quasi die Fragen zur Wahl des Bestattungsunternehmens. Sein Schüler Kriton fragt ihn, wie er denn begraben werden wolle. Und Sokrates meint ganz entspannt, sogar etwas süffisant: »Wie ihr wollt, wenn ihr mich nur wirklich haben werdet und ich euch nicht entwischt bin.« Bis dahin habe er sich nämlich schon längst davongemacht, und vergraben werde nur sein Leib.

Eigentlich stellt Sokrates damit alle bloß, die als Angehörige eines Sterbenden oder als Sterbende selber überflüssige Gedanken daran verschwenden, welche Musik bei der Aussegnung gespielt werden soll und ob eine Verbrennung, eine Seebestattung oder eine Erdbestattung das einzig Wahre sei. In zeitloser Einfachheit macht er klar: Das Vermächtnis kann doch nicht darin liegen, was mit den sterblichen Überresten geschehen soll.

Ganz nah und ewig aktuell ist auch eine weitere Frage, mit der sich die Freunde des Sokrates herumschlagen: Wäre es nicht gut, wenn man sein Leben noch ein paar Stunden ausdehnen könnte? Würde man ihm nicht einen Gefallen erweisen, noch ein bisschen Zeit zu schinden durch das, was sich in den Krankenhäusern »lebensverlängernde Maßnahmen« nennt?

Nachdem Sokrates sich von seiner Familie verabschiedet hat, der Gerichtsdiener hereingekommen ist und unter Tränen verkündet hat, es sei jetzt Zeit, das Gift zu trinken, gerät nicht etwa Sokrates, sondern sein Schüler Kriton in Panik. Verzweifelt argumentiert er mit juristischen Rechten: Sokrates habe noch etwas Zeit bis Sonnenuntergang. Andere Todeskandidaten hätten auch so spät wie möglich ihren tödlichen Trank geschluckt und sich vorher noch gutes Essen, guten Wein oder auch Sex gegönnt.

Aber Sokrates verweigert ganz entschieden jeden Aufschub: Er denke gar nicht daran, sich vor sich selber lächerlich zu machen durch derartiges Gefeilsche im größten Moment seines Lebens.

Der Mann vom Hinrichtungspersonal wird also hergerufen; er erscheint mit dem Giftbecher in der Hand.

Als aber Sokrates den Mann sah, sagte er: »Also, mein Bester, du verstehst dich ja auf diese Dinge, was muss man tun?«
»Nichts weiter«, antwortete er, »als dies: Wenn du getrunken hast, so geh umher, bis dir die Schwere in die Schenkel kommt, dann leg dich nieder, und so wird es von selbst wirken.«
Damit reichte er dem Sokrates den Becher, und der (...) nahm ihn, und zwar ganz heiter, ohne zu zittern oder die Farbe oder Miene zu verändern, er sah vielmehr dem Mann, wie er gewohnt war, fest ins Auge ...

Dann bittet er um die Erlaubnis, zu den Göttern beten zu dürfen –

»auf dass die Wanderung von hier dorthin glücklich vonstatten gehe. Darum bete ich denn auch, und so möge es geschehen.«
Und sowie er dies gesagt hatte, setzte er an und trank gelassen und heiter aus. Von uns aber waren die meisten bis dahin ziemlich imstande gewesen, an sich zu halten, dass sie nicht weinten; als wir aber sahen, dass er trank und getrunken hatte, nicht mehr. Auch mir brachen die Tränen gewaltsam und in Strömen hervor, so dass ich mein Gesicht verhüllte und weinte, nicht um ihn, sondern über mein eigenes Geschick, dass ich eines solchen Freundes beraubt sein sollte. Kriton war noch vor mir aufgestanden, weil er nicht vermochte, die Tränen zurückzuhalten. Apollodoros aber hatte schon vorher unaufhörlich ge-

weint und schrie nun auf, klagend und außer sich geratend, und es gab niemand unter allen Anwesenden, den sein Weinen nicht erschüttert hätte, außer Sokrates selbst. Der aber sagte: »Was tut ihr doch, ihr sonderbaren Leute! Ich habe eben deswegen die Frauen weggeschickt, damit sie keine solchen Torheiten begehen sollten; denn ich habe immer gehört, man müsse still sein, wenn einer stirbt. Haltet also Ruhe und seid standhaft!«

Und als wir das hörten, schämten wir uns und hörten mit Weinen auf. Er aber ging umher, und als er merkte, dass ihm die Schenkel schwer wurden, legte er sich auf den Rücken; denn so hatte ihm der Mann geraten. Und zugleich befühlte ihn eben dieser, der ihm das Gift gereicht hatte, und untersuchte nach einiger Zeit seine Füße und Schenkel. Dann drückte er kräftig seinen Fuß und fragte, ob er es fühle. Er sagte nein. Und danach die Knie, und so ging er immer weiter hinauf und zeigte uns, wie er kalt und starr wurde. Und dann berührte er ihn noch einmal und sagte, wenn es ihm ans Herz komme, dann werde er tot sein. Schon war er um den Unterleib fast ganz kalt geworden, da schlug er die Kopfhülle zurück – er hatte sich nämlich verhüllt – und sagte, und das waren seine letzten Worte: »Kriton, wir sind dem Asklepios einen Hahn schuldig. Opfert ihn und versäumt es nicht!«

»Das soll geschehen«, sagte Kriton. »Sieh aber zu, ob du sonst noch etwas sagen willst.«

Auf diese Frage gab er keine Antwort mehr, son-

dern bald darauf zuckte er, und der Mann deckte ihn auf; da waren seine Augen gebrochen. Als Kriton das sah, schloss er ihm den Mund und die Augen zu.

Der Abschied des Sokrates wurde beim nicht so lesewilligen Volk in einer Kurzfassung von Generation zu Generation überliefert.

»Du bist zum Tod verurteilt von den Richtern in Athen«, wird Sokrates überbracht. Und der sagt nur vergnügt: »Sie selbst sind es auch – von der Natur.«

Wie wir das richtige Maß finden

Der Mann aus reichem Adel hat eine Sinnkrise. Ihn interessiert das gute Leben nicht mehr, ihn interessiert nur noch eins: die Erleuchtung. Er ist bereit, alles aufzugeben, um das zu erreichen. Klammheimlich verlässt er mitten in der Nacht seine beiden schlafenden jungen Frauen, seine schlafenden Kinder, seinen Palast. Sieben Jahre lang zieht er herum, lernt bei weisen Männern, sich alles zu versagen, was ihm früher Freude gemacht hat - Sex, kulinarische Genüsse, Schönheit, Musik. Er tut alles, um endlich erleuchtet zu werden. Vergeblich. Da wird er extrem: Er zieht sich in die völlige Waldeinsamkeit zurück, wo es nicht die geringste Ablenkung gibt. Vergisst zu essen, kommt äußerlich herunter - aber die Erleuchtung lässt auf sich warten. Da zieht auf ihrer Tournee eine Truppe von Tänzern und Musikern durch den stillen Wald, und der Eremit wird in seiner Meditation empfindlich gestört durch sie: Ein Mädchen fängt lauthals zu singen an - ein Lied über die Sitar, das gängige Saiteninstrument. Es sei genauso falsch, die Sitar zu hoch zu stimmen wie zu tief - denn die lose Saite klingt nicht, und die zu straff gespannte springt. Der Erleuchtungssucher, der unter einem Feigenbaum sitzt, kapiert auf einmal, dass genau das seine Situation beschreibt: seine strenge Askese ist wie die zu straff gespannte Saite. Zum ersten Mal seit Monaten beschließt er, etwas Vernünftiges zu essen, und konsumiert genüsslich das Reisgericht, das ihm ein dankbarer weiblicher Fan gekocht hat. Die Stärkung kann er brauchen: In der Nacht darauf brechen die diversen Versuchungen des Bösen über ihn herein, denen er gelassen widersteht. Und da kommt endlich die Erleuchtung über ihn.

Er kehrt zurück ins Reich seines Vaters, denn er weiß nun, dass sich die wahre Erkenntnis nicht mit sturer Enthaltsamkeit erzwingen lässt. Sein Ziel ist nicht mehr, allein als ein Erleuchteter vor sich hin zu glänzen. Er will anderen zeigen, welcher Weg sie dorthin führt.

Einwandfrei keine Heiligenlegende. Trotzdem beschreibt diese Geschichte den Weg eines Mannes, den Millionen bis heute wie einen Heiligen verehren: den Weg des Buddha.

Den meisten von uns fiele gar nicht erst ein, sich derartigen Strapazen zu unterziehen wie Prinz Siddharta alias Buddha. Wir finden es in Ordnung, dass die anbetungswürdigen Gestalten, die Heiligen in den meisten Religionen, ein mehr als ungemütliches Leben führen. Keuschheit und Enthaltsamkeit als Ideal - das erscheint uns fast allen lebensfremd. Denn dass dies dem Menschen nicht gemäß ist, belegen Hunderte, Tausende von Geschichten: Der gute Vorsatz allein bringt es nicht. Wie es mit dem Sex in den Klöstern aussah, schildern selbst kanonische Rechtsgelehrte wie Giovanni Boccaccio, der Verfasser des berüchtigten »Decamerone«, ungeniert. Selbstverständlich wurde dieses Werk wie viele ähnliche offiziell verboten und nur unter dem Ladentisch verschoben. Doch die Wahrheit lässt sich nicht unterdrücken: Gerade diejenigen, die sich besonders kasteien, werden von einem Heißhunger auf all das überfallen, was sie sich krampfhaft versagen wollen. »Nichts macht von der Begierde abhängiger«, schreibt der Philosoph und Jurist Walter Schubart, »als der Kampf gegen sie. Immer muss der Asket auf der Hut vor ihr sein. So beschäftigt er sich mehr mit ihr als der Mensch, der ihr das natürliche Gefälle bietet.«

Askese kommt vom griechischen *»askesis«,* und das heißt eigentlich nichts anderes als Übung. Geübt werden soll, sich frei zu machen von dem, was einengt, frei für das eigentliche geistig-seelische Leben. Doch die Askese wurde umgedeutet zu einer Übung, die einengt. Die nicht belebt, sondern abtötet. Dummerweise bringt sie damit genau das um, was sie braucht. »Die Askese tötet nicht den Sexus, sondern den Eros; den Sexus kann sie nicht töten. Daher ist die Geschichte der Askese eine Geschichte sterbender Erotik und zugleich ein Verzeichnis schwelender Begierden«, schreibt Walter Schubart.

Eros ist ein Trieb, ein Antrieb. Und dessen energetischer Schub ist manchmal hilfreich, sogar notwendig. Gern wird der übersteigerte Drang zum Individualismus kritisiert als das, was jedem Altruismus und jedem metaphysischen Denken im Weg steht. Dabei wird das eigentliche Problem der Individualisten übersehen: Die, die ihre Individualität stilisieren, sind ja gar keine Individuen. Sie sind nicht unteilbar. Sondern sie sind geteilte Existenzen, die vergessen, dass sie eben das sind - mangelhaft, defizitär, unvollständig. Sie haben gar kein Verlangen mehr, ein Ganzes, ein Ungeteiltes zu werden. Wer sich verliebt, kennt und spürt je-

doch diesen Drang. Die Liebe ist so gesehen ein Vehikel zur Erkenntnis. Sie macht Lust auf Verschmelzung. »Die erlösende Liebe ist - als Gottesliebe und als Geschlechterliebe - ein unaufhörliches Hinauswandern aus dem eigenen Ich in fremde Wesenheit«, sagt Schubart. »Durch sie macht die Natur den herrlichsten Versuch, den Einzelnen aus sich herauszuführen und ihm das Erlebnis der absoluten Einheit zu vermitteln.«
Gottesliebe ist eine recht anspruchsvolle Art der Liebe. Und Selbstaufgabe eine mühsame und anstrengende Angelegenheit. Beides aber lässt sich mit genau jener Sorte Liebe trainieren, die von der christlichen Kirche verdammt wurde: mit der erotischen. »An der echten Geschlechterliebe stirbt die Gottesliebe nicht«, sagt Schubart klipp und klar, »sondern sie rankt sich daran empor.«
Wer sich verliebt, ist bereit, alles für den anderen zu tun. Das eigene Ich weniger wichtig zu nehmen als den Geliebten und die eigene Existenz in die andere hineinzuwerfen, sie in ihr aufzulösen wie Zucker im heißen Kaffee.
In den heidnischen Kulturen war es selbstverständlich, durch die sexuelle Seligkeit einen Vorgeschmack auf die himmlische zu bekommen. Nachdem sich Gott weder widerlegen noch beweisen lässt, war die Erotik eine sehr beliebte Methode, Gott zu erfahren. Und die Horen oder Huri, die Tempeldienerinnen, wurden schon deswegen geachtet, weil sie auf sehr angenehme Weise mit dem göttlichen Funken, den sie in sich trugen, bei anderen ein himmlisches Feuer entfachten. Erotik bedeutet, richtig gelebt, die eigenen Grenzen aufzugeben - ein wirklich parareligiöses Erlebnis.

Umso mehr müssen wir uns fragen: Wann und warum hat die Kirche diesen selbstschädigenden Feldzug gestartet, die erotische Liebe, diesen populären Vorbereitungskurs für Glaubenswillige, diesen Grundkurs in Selbstlosigkeit, rundweg zu verteufeln?
Jesus Christus hat die Erotik bekanntlich keineswegs behindert auf seinem Weg. Asket war er mit Sicherheit nicht. Mann und Frau werden ein Fleisch, heißt seine Einsicht. Und seine Abneigung gegen die Ehe war keineswegs eine gegen Erotik, nur gegen jede feste Bindung, die es verhinderte, ihm zu folgen - denn wenn Frauen seinetwegen ihre Familie im Stich ließen, wirkte sich das rufschädigend für ihn aus.
Zum Asketen gemacht haben Jesus Christus erst selbst ernannte Jünger wie Paulus und später der Kirchenvater Augustinus, deren Motive freilich durchsichtig waren: Sie hatten Angst vor dem weiblichen Geschlecht - zum Teil durch schlechte Erfahrungen - und machten Jesus zum Anwalt ihrer höchst persönlichen Sexualprobleme. Damit brachten sie zwei enorm haltbare Ideen in die Kirche ein: eine zynische Frauenverachtung und die Behauptung, Sex sei eine nur in der Ehe erlaubte Sünde, die ausschließlich der Fortpflanzung dienen dürfe.
Offenbar nahmen aber diejenigen, die mit aller Gewalt die offizielle Moral des Augustinus durchpeitschen wollten, das Ganze viel ernster als er selber. »Gib mir Keuschheit und Enthaltsamkeit«, heißt die Bitte des Augustinus in seinem Werk ›Über den Gottesstaat‹, »aber noch nicht jetzt gleich.« Sexuelle Enthaltsamkeit diente ihm als Mittel zum Zweck - nur zu welchem?
Martin Luther wird gerne aufgeführt als Gegenbei-

spiel - als einer, der Geistlichkeit und Erotik nicht als Gegensatz verstand. Zum Beweis wird er zitiert mit seinem Eheberater-Tipp, zweimal Sex in der Woche sei ratsam. Doch Luther war außerstande, in der geschlechtlichen Liebe mehr zu sehen als eine die Gesundheit erhaltende Pflichtübung: »Folgendes sind die Stücke einer Ehe: die natürliche Befriedigung des Geschlechtstriebs; Zeugung und Nachkommenschaft; Hausgemeinschaft und gegenseitige Treue.« Dafür nahm er in Kauf, dass »keine Ehepflicht ohne Sünd' geschieht«. Auch er erklärte Sexualität zur banalen zielorientierten Aktion und verkannte völlig die Bedeutung der Erotik als Sehnsucht nach dem Verschmelzungserlebnis.

Die Absicht ist beim Enthaltsamkeit predigenden Augustinus, beim Frauen schmähenden Paulus und beim Ehepragmatiker Luther ein und dieselbe: Die Frau musste als niedriges, verwerfliches, verzichtbares Wesen dargestellt werden, ihr musste die gesamte Schuld am Sündenfall angelastet werden, damit ein für allemal die heidnischen weiblichen Gottheiten aus den Köpfen und Herzen verschwanden. Mehr noch: damit klar war, nur männliche Wesen seien anbetungswürdig. Dennoch hielten sich die erotischen Rituale der Tempelpriesterinnen bis ins Mittelalter; sie wurden von vielen Christen in anderer Form heimlich praktiziert. Und letztlich ist der später eingeführte Marienkult der Katholiken ein Beleg für die Einsicht: Es geht nicht ohne ein weibliches Element in der Heilslehre.

Macht ist der eine Beweggrund, die sexuelle Askese zu propagieren, Neid ein anderer. Und das wird nicht etwa bei den christlichen Predigern erkennbar, sondern

bei den jainistischen. Der Jainismus, eine indische Religion, die gleichzeitig mit dem Buddhismus entstand, verdankte ihren Erfolg den jainistischen Mönchen, die sich an den Höfen von Syrien, Ägypten und Makedonien ein Image als Magier erworben hatten. Sexuelle Enthaltsamkeit priesen sie als ein Wundermittel von wahrer Zauberkraft. Allen Ernstes beriefen sie sich auf orientalische Mythen, die behaupteten, der erste männliche Schöpfergott habe es geschafft, lebende Wesen hervorzubringen, nachdem er zehntausend Jahre lang asketisch gelebt habe. Das war gewöhnlichen Sterblichen etwas zu lang. Trotzdem überzeugte es offenbar einige Männer, dass sie durch die Verweigerung der Sexualität die Frauen entmachten könnten. Der Gebärneid hatte sein Ventil gefunden.
Ganz zu verdrängen war die Vision der erlösenden Liebe dennoch niemals. Dass etwas, das uns so viel Freude macht, schlecht und verwerflich ist, wollen wir nicht einsehen. Und vielleicht sollen wir das auch gar nicht. Es leuchtet zwar ein, dass allzu viel Verstrickung in die Leidenschaften daran hindert, frei zu werden. Sie erschwert den spirituellen Aufstieg, die Rückkehr der Seele dorthin, wo sie herkommt. Die Methode, mit einer großen Schere alle Fäden abzuschneiden, ist natürlich die einfachste. So wie viele Alkoholiker sich leichter tun, keinen Tropfen mehr zu trinken, als in Maßen zu genießen, so halten manche Menschen den totalen Rückzug für einfacher als ein Leben, das sich nicht völlig dem irdischen Angebot verweigert, sondern mit ihm richtig umgeht. Das heißt: das rechte Maß für alles findet. Für die Pflichten und den Genuss, für das Engagement und die Entspannung, für die altruistische

Fürsorge und die Freude, sich um die eigene Weiterentwicklung zu kümmern.

Ein Asket ist ein schwächlicher Charakter,
der der Versuchung erliegt,
sich ein Vergnügen zu versagen.

Ambrose Bierce

Eine Mutter, die gar nichts anderes kennt als das Wohl ihrer Kinder, ist genauso unfrei wie jemand, der ausschließlich an seiner geistigen Vervollkommnung herumfeilt. Über das Ziel hinauszuschießen ist nicht besser, als weit hinter ihm zurückzubleiben - beides ist unangemessen. Das hört sich erst einmal abstrakt an. Was, fragt sich da, ist denn unter dem rechten Maß zu verstehen?
Die griechischen Philosophen waren durchaus bodenständig und gaben diesem Kind einen Namen: Wer sich angemessen verhalten will, braucht Arete. Und sie definierten diese Eigenschaft auch recht genau. Ursprünglich war damit die besondere Tauglichkeit gemeint: die Sehschärfe des Auges, die Schnelligkeit des Pferdes, die Schärfe eines Messers, aber auch die Geschicklichkeit eines Handwerkers in seinem Fach. Arete hat, was seine Bestimmung erfüllt - nicht mehr und nicht weniger. Ein Mensch, dem Arete zugesprochen wurde, war einer, der alle seine Fähigkeiten optimal entfaltete, die charakterlichen wie die fachlichen oder geistigen: Können (techne), Weisheit (sophia), Klugheit im Sinn von Lebensklugheit und Umsicht (phronesis), Wissenschaft (episteme) und Geist (nous).

Heißt dann Arete haben ein Alleskönner sein? Ein Überflieger?
Keineswegs. Arete, das wird unmissverstehbar gesagt, ist kein Leistungsnachweis, sondern eine Haltung. Eine innere Haltung, die keinem Menschen angeboren ist – er muss sie erwerben, lernen, trainieren. Die Seelenhaltung ist wie die Körperhaltung eine Frage des Bewusstseins – des bewussten Seins. Das meint nicht, wie ein Soldat kurz mal Haltung anzunehmen, sondern die richtige Einstellung zu dem, was das Schicksal auch immer beschert. Wie ein Mensch fertig wird mit dem, was ihm an Schmerzen, Kummer, materieller Not und Demütigung widerfährt; tapfer zu sein, gelassen zu bleiben, sich abzufinden. Wir bewundern Menschen, die Haltung bewahren. Denn Haltung hat mit Würde zu tun und mit innerer Aufrichtigkeit. Mit Stolz oder gar Überheblichkeit hat das gar nichts zu tun – im Gegenteil.

Wenn du dich vor einem Zwerg verneigst,
so verhindert das nicht,
dass du wieder aufrecht stehen kannst.

Afrikanisches Sprichwort

Wer Arete besitzt, weiß, was wo und wann angemessen ist.
»She didn't measure« heißt auf Deutsch: Sie hat enttäuscht. Wer sein Gefühl für das rechte Maß verliert, enttäuscht nicht nur, er verletzt: Gefühle, Traditionen, Empfindsamkeiten. Wer maßlos ist, erkennt keine Grenzen an – das ist auch das Problem jeder Sucht, ob

es um die nach Drogen, Macht, Geld oder nach Sex geht. Maßregeln hat also nur nötig, wer sich nicht um jene Haltung, um Arete bemüht. Wer sie errungen hat, läuft also auch niemals Gefahr, ein weiblicher oder männlicher Don Juan zu werden.

Arete bewahrt vor der Maßlosigkeit, das heißt vor der Überdosis, die abhängig und unfrei macht. Wer abhängig ist, will den Augenblick nicht auskosten, sondern auslöschen.

Erotik in richtiger Dosierung löst. Und erlöst sogar vom Drang, festzuhalten. Ein Erlösergott war der sinnenfrohe Dionysos, Liber Pater – freier Vater – hieß sein römischer Nachfolger, dessen Heiligtum ein überdimensionaler Phallus war, der noch im Mittelalter dort stand, wo später der Vatikan errichtet wurde. Und »liberator« ist der lateinische Name für den christlichen Erlöser.

Eben weil das erotische Erlebnis nur dann ein schönes wird, wenn wir loslassen, den Mut haben, unsere Grenzen aufzugeben, ist es kein Hindernis. Es ist ein Hinweis auf etwas Größeres. Wer ihn versteht, lebt die Erotik richtig.

Wie es Sinn macht zu glauben

Niels Bohr, der weltberühmte Atomphysiker, bekommt Besuch. Verblüfft sieht der Gast, dass auf die Haustür ein Hufeisen genagelt ist. Der Hausherr öffnet. »Wie kommen Sie denn dazu, so was aufzuhängen?«, fragt der Gast erstaunt.

»Es soll angeblich Glück bringen«, sagt Bohr.

»Aber als Physiker können Sie doch nicht ernsthaft daran glauben, dass so ein Ding …«

»Natürlich nicht«, beruhigt ihn Bohr. »*Ich* glaube nicht daran. Aber angeblich«, lächelt er, »bringt's auch denen Glück, die nicht daran glauben.«

Tut Glauben gut oder schlecht? Schadet er, was das Leben und das Sterben angeht, oder bringt er etwas?

Darüber gehen nicht nur die Glaubensmeinungen, sondern auch die wissenschaftlichen Ergebnisse von Langzeitstudien auseinander, die sich mit dem Zusammenhang von Gläubigkeit und seelischer Gesundheit beschäftigt haben.

Einerseits gibt es Resultate, die klar sagen: Religion kann krank machen. Sie kann das psychische Wohlergehen beeinträchtigen, weil sie einengt, bedrängt und das Gefühl von Unfreiheit bei wichtigen Entscheidungen gibt - ob es um Empfängnisverhütung geht, um Scheidung oder auch um die Ehe mit einem Menschen anderer Konfession. Skrupel werden geschürt, Zwänge werden gefördert, Kontrollsucht wird verstärkt. Das

kann bis hin zu schweren Neurosen führen, die ecclesiogen genannt werden, weil man der *ecclesia*, der Kirche daran die Schuld gibt.
Andere, ebenso gründliche Untersuchungen haben jedoch ergeben, dass diejenigen Menschen, die sich als gläubig bezeichnen, eine stabilere seelische Immunlage haben und weniger anfällig sind für Depressionen und andere psychische Anfechtungen.
Wo liegt der Fehler? Wie ist dieser Widerspruch aufzulösen?
»Es muss eben der rechte Glaube sein«, sagen die Fundamentalisten und denken dabei an ihren eigenen.
»Nein, es geht darum, richtig zu glauben«, antworten ihnen diejenigen, die die Ergebnisse der Studien kennen. Es geht, referieren die Forscher, nämlich nicht darum, woran jemand glaubt, ob das eine bestimmte Konfession ist oder eine außerkirchliche Heilslehre. Es geht darum, wie jemand glaubt.

Ein schiffbrüchiges Millionärsehepaar treibt im Meer. Die Yacht gekentert. Keine Rettung in Sicht.
»Lieber Gott, ich spende ein Viertel meines Vermögens der Kirche, wenn du mich rettest«, sagt der Mann.
Die beiden dümpeln weiter dahin in der endlosen Weite. Unerträglicher Durst quält sie, die Kräfte lassen nach. Aber es naht von nirgendwo Hilfe.
»Gut, lieber Gott, dann stifte ich dir die Hälfte von allem, was ich besitze«, schwört der Millionär.

Doch es zeigt sich nach wie vor kein Schiff, kein Flugzeug – nichts. Ein Sturm zieht auf, Haie ziehen ihre Kreise um die beiden.
»Also, lieber Gott«, rafft der Millionär sich endlich auf, »dann sollst du eben mein ganzes …«
»Schluss mit den Angeboten«, unterbricht ihn seine Frau. »Da hinten sehe ich Land.«

Es muss nicht immer Schiffbruch sein; sehr viele gehen auch in weniger dramatischen Situationen mit Gott und dem Glauben genauso um wie diese beiden Witzfiguren. Erst in der Not besinnen sie sich darauf, dass es da einen Gott gibt, an den sie offiziell glauben, eine Kirche, an die sie brav ihre Steuer zahlen. Wenn die Lage ausweglos scheint, dann ist der Fluchtweg Glaube höchst willkommen. Die Diagnose Krebs bringt Menschen zum Beten, die seit ihrer Kindheit nicht mehr gebetet haben.
Verwerflich ist es sicher nicht, aus Angst zu glauben – es ist urmenschlich. Aber hilfreich ist es auch nicht: Den Studien zu Folge wirkt sich jene Sorte des opportunistischen Glaubens sogar negativ auf die psychische Gesundheit aus. Möglicherweise liegt der Grund dafür darin, dass ein Mensch, der nur halbherzig glaubt, auch nicht die autosuggestive Kraft des echten Gebets erleben kann.
Es gib einen anderen Glaubenstyp, der jenes Problem der Notgläubigen nicht kennt: Er glaubt schnell, begeistert, leidenschaftlich. Und an sehr vieles. Skepsis ist in seinen Augen ein Kennzeichen seelisch verarmter Rationalisten. Für ihn ist die Antwort auf die wesentlichen spirituellen Fragen ganz einfach – ob es um Seelenwan-

derung oder um ein anderes Weiterleben nach dem Tod oder auch um die Kommunikation mit Verstorbenen geht, denn für ihn gibt es keinerlei Zweifel und Einwände. Dieser Typ des Esoterikers ist kein Sucher, er ist ein Finder. »Zufall - den gibt es nicht«, erklärt solch ein Mensch jedem lächelnd und völlig überzeugt. »Alles hat seine Bestimmung.«

Es fragt sich nur, ob solch inflationäre Leichtgläubigkeit der seelischen Gesundheit förderlich ist.

Probleme, die auch die Seele belasten, entstehen sicher dadurch, dass solche Menschen in zwei Welten leben. Häufig ist dieser Typ des Esoterikers im Leben nämlich nicht allzu durchsetzungsfähig, manchmal sogar lebensuntüchtig. Und findet in seinen schwärmerischen Gefühlen für das, woran er glaubt, einen Ersatz für alles, was er im Alltag nicht bewältigt.

Manche, die seine Überzeugungen als reinen Aberglauben abtun, sind sicher, selbst im Besitz des einzig wahren Glaubens zu sein: des Wissenschaftsglaubens. Forschungsergebnisse sind ihre Bibel, und nur das Berechenbare und Beweisbare kann sie überzeugen. Metaphysik erklären sie zur Notlösung. »Glauben heißt nicht wissen«: Das heißt für sie nicht, dass dort, wo das Wissen nicht weiterhilft, Gott unumgänglich ist. Er ist für sie nur das Armutsbekenntnis der Gläubigen, also Unwissenden.

»Zufall«, erklären sie achselzuckend, wenn ungewöhnliche Ereignisse nach einer metaphysischen Erklärung zu verlangen scheinen. »Zufall«, sagen sie aber auch, wenn man sie danach fragt, warum es denn überhaupt etwas gibt und es nicht einfach nichts gibt. Ihre Welt beginnt erst nach dem Urknall - mit der Frage, was davor war, wollen sie keine Zeit verschwenden, denn das ist unsicheres Terrain. Auch wenn dieser Glaubenstyp gerne Siegessicherheit und Überlegenheit demonstriert, ist es damit meist zu Ende, wenn er dem Tod begegnet – und das muss gar nicht der eigene sein. Panik zerfetzt dann die Seele, an die sie gar nicht glauben. Denn Sinn stiftend kann Wissenschaftsglaube niemals sein. Nur: Wer ernsthaft behauptet, die Entwicklung des irdischen Lebens vom ersten Eiweißmolekül bis hin zu einem Menschen wie Mozart sei ohne jeden Sinn, sondern nur eine Folge rein zufälliger Ereignisse, entlarvt sich selbst als Anhänger des lächerlichsten Aberglaubens.

Der Dialog zwischen Menschen dieses Glaubenstyps und esoterischen Menschen belegt natürlich, dass immer das für Aberglauben gehalten wird, was die anderen glauben. Und letztlich ist es für den Gläubigen unwesentlich, ob er von Außenstehenden als abergläubisch belächelt wird oder nicht: Es kommt darauf an, was es für ihn bedeutet, wie es seine Lebens- und Sterbensqualität beeinflusst.

Eine Untersuchung, die an der Universität Konstanz zu Nah-Tod-Erfahrungen durchgeführt wurde, führte nämlich zu dem erstaunlichen Resultat: Das viel zitierte Licht-Erlebnis von Menschen, die bereits klinisch tot waren, fand sich nur bei denjenigen, die ganz überzeugt an etwas Metaphysisches glauben – das muss nicht unbedingt eine Konfession sein.

Dass Strenggläubigkeit angesichts des Todes hilft, liegt nah. Doch sie verbessert, wie die Studien zu diesem Thema belegen, auch die Lebensqualität – wenn sie nicht mit jenem bedrängenden Fanatismus betrieben wird, der wie gesagt zu neurotischen Störungen führen kann. Fühlt ein Mensch sich jedoch einfach geborgen in den Regeln und Ritualen seines Glaubens, bezieht er Sinn und Zuversicht daraus, dann profitiert er gesundheitlich.

1995 wurde in Texas die so genannte Oxman-Studie mit Patienten durchgeführt, die eine Herzoperation hinter sich hatten - Bypass oder Aortenklappe oder beides. Vor dem Eingriff waren sie befragt worden, ob sie »Kraft und Trost aus einem religiösen oder spirituellen Glauben« beziehen. Für alle, die das verneinten, war das Risiko, in den ersten sechs Monaten nach dem Eingriff zu sterben, dreimal so hoch wie bei denen, die es bejahten.

Selbst wenn sie über solche Ergebnisse informiert sind, fällt es in der westlichen Welt vielen Menschen zunehmend schwer, sich bedingungslos zu einer bestimmten Religion zu bekennen. Denn sie sind zu gut informiert über Fragwürdigkeiten, Brüche, Widersprüche, infolge dessen skeptisch gegenüber den traditionellen religiösen Antworten. Es käme ihnen verlogen vor, sich eine Konfession einfach überzuziehen und das, was in ihren Augen darin unaufrichtig, vielleicht sogar unmenschlich ist, geflissentlich zu übersehen. Gleichzeitig spüren sie das starke Bedürfnis nach einer inneren Orientierung, nach einem Glauben, der ihr Leben sinnhaft macht. Diese ernsthaften Sucher sind, wie die genannten Studien belegen, ebenso wie die Strenggläubigen seelisch gesünder.

Das heißt: Es ist unwichtig, ob Glauben und Gläubigkeit sich kanonischen Regeln unterwerfen oder nicht, ob sie bekannte Wege gehen oder neue, ob sie von einer

Glaubensgemeinschaft anerkannt werden oder nicht. Was zählt, ist allein, dass ein Mensch tief innerlich davon überzeugt ist, dass Glauben notwendig ist. Denn genau dadurch schwindet und verschwindet die Angst. Auch die größte Angst - die vor dem Tod. Denn auch sie wächst aus dem Gefühl der Verlorenheit und Vereinsamung. Vertrauen und Hoffnung sind die beiden entgegengesetzten Empfindungen. Sie sind die Kürzel für ein Zugehören. Und auch die Kürzel für Glauben. Der Prüfstein für dessen Echtheit ist die Überwindung der Angst.

Wie altes, fernes Wissen nah wird

Sie hat viel Geld gezahlt für den Wochenendkurs beim Dalai Lama. Dritte Reihe, ganz nah dran. Sie hat gefastet und Tee getrunken, kein Alkohol seit zwei Wochen. Und schreibt jedes Wort mit. Schließlich hofft sie, dass es daheim dann irgendwie weitergeht in der Beziehungskiste. Dass der in Schweigen erstarrte Streit sich löst.
Sie kommt heim. »Und?«, fragt er. »Hat sich's gelohnt, das teure Seminar?«
»Allein diese saudumme Frage zeigt mir, dass du keine Ahnung hast«, sagt sie, rennt in ihr Zimmer, knallt die Tür zu und heult.
Da sieht sie, dass am Nachttisch ein kleines Buch liegt. Hat er das für sie gekauft? Sie nimmt es und liest, wo es sich zufällig aufschlägt.

Der Mönch sagte zum Meister: »Ich bin gerade erst ins Kloster gekommen. Bitte unterweise mich.«
»Hast du deinen Reisbrei gegessen?«, fragte der Meister.
»Ja«, sagte der Mönch.
»Dann spüle deine Schüssel«, sagte der Meister.
In diesem Augenblick wurde der Mönch erleuchtet.

Sie steht auf, geht in die Küche. Es stehen leer gegessene Teller herum – von ihm. Sie beginnt zu spülen. Die

Wohnung ist still. Keine Musik. Kein Laut von ihm, keine Spur von ihm, nur die Spuren auf dem Teller. Sie spürt nichts als den Teller und das Wasser und den Schaum. Und sie genießt es, dass sie an nichts anderes denkt als an das, was ihre Hände tun.

Als sie fertig ist, geht die Tür auf. Er kommt herein. »Und?«, sagt er. »Ich liebe dich«, sagt sie.

Die meisten geistigen Übungen hören sich schwierig an, Zen-Übungen erst recht. Und die weise Gelassenheit scheint sich oft beim Lesen oder Zuhören immer weiter zu entfernen, scheint sich zu entziehen, je mehr man sie packen will.

Das Schöne an allen solchen Übungen: Das Training bringt bereits etwas, wenn man sich darauf einlässt. Denn gerade, wenn man beim Suchen das Gefühl hat, sich wie ein Auto im Schlamm festzufahren, einfach nicht weiterzukommen, im Gegenteil sogar mit immer mehr Gas nur noch tiefer ins Schlamassel zu geraten, dann tritt das ein, was im Zen-Buddhismus bewusst provoziert wird. Seit Jahrhunderten geben die Zen-Meister ihren Schülern Rätsel auf, die unlösbar sind. Denn das Rätsel in sich ist bereits ein Widerspruch. Da geht es zum Beispiel um das Klatschen der einen Hand. Talmud-Gelehrte verwenden ebenfalls Paradoxa und fragen ihre Schüler: »Wenn Gott allmächtig ist: kann er dann einen Felsblock erschaffen, der so schwer ist, dass er ihn selbst nicht heben kann?«

Je länger der Schüler daran herumdenkt, desto gründlicher fährt er sich fest. Und irgendwann merkt er: Mit den üblichen Methoden, mit Logik und Scharfsinn, kommt er nicht weiter. Und es hilft nichts, noch mehr Gas zu geben, noch logischer, noch scharfsinniger zu werden. Die Ausweglosigkeit ist die Chance, denn sie zwingt dazu, alle gewohnten Denkmuster und Rezepte völlig zu vergessen. In dem Augenblick, in dem der Schüler das erkennt, kommt er weiter. Sein Geist wird frei. Er kann alles mit unverstelltem Blick völlig neu sehen und bewerten.

Wir sind daran gewöhnt, Pflichten und Freuden zu trennen - eine Art Belohnungsprinzip bestimmt unser alltägliches Leben.

Das Modell heißt: Erst die Arbeit, dann das Vergnügen. Dieses Prinzip wird auch dann angewandt, wenn jemand das Bedürfnis verspürt nach Spiritualität im Leben: Erst der Job, dann der Meditationskurs. Die Lehrer der Gelassenheit empfehlen etwas anderes. Nicht nach, sondern während der ganz stinknormalen Tätigkeiten, sagen sie, kann die Seele lernen, was völlige Hingabe an den Augenblick meint.

Dass Künstler dazu meistens im Stande sind, finden wir nahe liegend - sie können das, weil sie Künstler sind, sagen wir uns. Aber die Kausalität verläuft anders: *Weil* sie das können, sind sie Künstler.

»Man muss die Welt ein Leben lang mit Kinderaugen sehen«, hat Matisse gesagt. Kinder können beim Spielen eines: alles um sich her vergessen. Sie versinken in dem, was sie tun, und gehen völlig darin auf. Eben diese Selbstvergessenheit wird uns ausgetrieben durch unsere gängigen Schulen, die offiziell der Bildung und Ausbildung, eigentlich aber nur der Verbildung dienen. Wir verlernen, wie es sich anfühlt, wenn die Grenzen von Ich und Nicht-Ich sich auflösen und eine Empfindung des Fließens entsteht. Das ist eine Gelegenheit, das Pflicht-Lust-Prinzip ebenfalls aufzulösen, wie der

Kulturphilosoph Christian Kellerer erkannte: Verflüssigt, sagt er, wird in der Lebenspraxis des Zen nämlich auch die Libido, die Lust, die Begierde. Sie kann jetzt einfach auf alles übertragen werden und von allem wieder abgezogen. Ich kann die Lust also auf das Putzen und Spülen und Schneeschippen übertragen, aber ich kann auch, was Musiker wie Celibidache als Grundvoraussetzung für gutes Musizieren forderten, mich selber völlig entleeren von jeder Art Lust, so dass die der Musik dann alles ausfüllen kann.

Dass wir, wie Kellerer sagt, Selbst und Welt als identisch erleben, bedeute die große Bejahung in einer nun grenzenlos gewordenen Wirklichkeit, in der es gleichgültig ist, ob die Dinge wirklich existieren oder ob wir sie uns nur vorstellen.

Eigentlich wissen wir es ja alle, dass gerade in der Grenzauflösung, in jener Hingabe, die auch Selbstaufgabe meint, uns Einsichten beschert werden, die uns das Bewusstsein verweigert. Zumindest könnten wir es jede Nacht feststellen, wenn wir schlafen und träumen. Bewusstsein heißt nicht Selbst-Bewusstsein - was der Vorgang des Träumens beweist.

Wie eine Nabelschnur verbindet uns der Schlaf mit der ganzen Menschheit, mit allen Zeiten und Kulturen. Denn es träumen auch diejenigen Menschen in Archetypen, die keine Ahnung haben, was das bedeutet.

Im Traum ist man alles selber:
der Träumer und alles Geträumte –
Personen, Dinge, Umgebung, Vorgänge.

Heinrich von Kleist

Der Schlaf und der Traum als ein Erlebnis, das uns weise und frei macht: Da befällt einen eine gewisse Verwunderung, wenn manche Psychologen das, was im Traum geschieht, als reine Müllentsorgung nicht weiter verwertbarer Tagesreste deuten, als ein völlig sinnloses chaotisches Geschehen.
Der überwiegende Teil der Menschen in den unterschiedlichsten Kulturen lässt sich jedoch bis heute nicht davon abbringen, in Traumbildern Sinn zu sehen, folglich Träume zu deuten oder deuten zu lassen.
Andererseits denkt auch kaum einer logisch weiter, was es denn heißt, wenn wir sagen, ein Mensch sei sanft entschlafen.

Wenn die Seele im Schlaf für sich ist, dann sondert sie ihre eigne Natur ab, ahnt das Zukünftige und sagt es voraus. In dem gleichen Zustand befindet sie sich auch, wenn sie sich im Tod vom Körper trennt.

Aristoteles in ›Über Philosophie‹

Eine uralte Redewendung sagt, der Tod sei »Schlafes Bruder« - eine Formulierung, die mehr Tiefe besitzt, als man meint.
Die Seele ist im Schlaf oder Traum nicht bewusstlos, sondern auf andere Weise bewusst. Sie zieht sich nur ein Stück weit zurück aus dem Körper und der sinnlichen Wahrnehmung der Umwelt. Nichts anderes geschieht aus tibetischer Sicht im Tod. »Bardo Thödol« heißt das »Tibetanische Totenbuch« im Original, zu Deutsch: »Hören im Zwischenzustand«. Bardo meint

jene, im Tibetanischen Totenbuch in drei Stufen eingeteilte Existenz zwischen dem Zeitpunkt des Todes und der Wiedergeburt. Das Buch versteht sich als Anleitung zu einer magischen Seelsorge über den Tod hinaus, denn der Zustand nach dem Tod wird als ein teilweise bedrohlicher Traum verstanden.

Wie im Traum weiß die Seele nicht, wo sie sich befindet. Sie weiß gar nicht, dass sie tot ist, sagt der Psychoanalytiker und Traumforscher C. G. Jung in seinem Kommentar zum »Bardo Thödol«. Aber wie der Mensch im nächtlichen Traum durchaus beeinflusst werden kann von außen, ist nach tibetischer Vorstellung die Seele in jenem Zwischenzustand ebenfalls suggestibel: Der Text, den der Lama in der Nähe des Toten liest oder ihm sogar ins Ohr spricht, soll dem Abgeschiedenen klar machen, was seine Seele da erlebt. Denn auf den ersten Bardo folgen im zweiten zwar zuerst sehr schöne Visionen, doch danach steigen Schreckensbilder auf, in denen das Ich die Angst durchleidet, von unbewussten Mächten überwältigt zu werden. Und das soll von der Seele nicht für Wirklichkeit gehalten werden. Sie soll vielmehr erkennen als letzte und höchste Wahrheit, dass die Götter, auch die schrecklichen, nur Schein und Licht der Seele selbst sind.

Diese dunklen Visionen sind nur Stationen auf ihrem Weg nach unten, aus dem Zustand der Befreiung, der Körperlosigkeit und Leichtigkeit hinunter in ein neues Leben, einen neuen Leib, in dem sie wieder geboren wird.

Sicher ist es aufschlussreich, dass der XIV. Dalai Lama heute die westlichen Bewunderer davor warnt, sich beim Tibetanischen Totenbuch einfach zu bedienen. Auf die Frage eines amerikanischen Studenten, ob es sinnvoll sei, auch im Westen den »Bardo Thödol« in der Sterbehilfe zu benutzen, antwortete er: »Allgemein gilt, dass dies schwierig wäre ohne die Vorbereitung der Initiation, Meditation und so weiter. Man muss mit den Lehren unbedingt engstens vertraut sein. Wenn also ein Sterbender die Texte über den Todesprozess gut kennt, ist es hilfreich, sie zu benutzen.«

Doch ein wesentliches Element des Totenbuchs können sich auch diejenigen zu Nutze machen, die in keiner Weise eingeweiht sind: das der Suggestion. Gerade das hat wohl auch den Psychologen Jung an diesem Werk fasziniert.

Die Götter- und Geisterwelt ist ›nichts als‹ das kollektive Unbewusste in mir. Um aber diesen Satz umzukehren, so dass er lautet: Das Unbewusste ist die Götter- und Geisterwelt außer mir, dazu bedarf es keiner intellektuellen Akrobatik, sondern eines ganzen menschlichen Lebens, vielleicht sogar vieler Leben von zunehmender Vollständigkeit.

Carl Gustav Jung in seinem Kommentar zum Tibetanischen Totenbuch

Die autosuggestive Kraft der Seele schafft das Göttliche, behauptet Jung. Es ist nicht wichtig, ob es metaphysische Realitäten gibt. Was zählt, sind die seelischen Gegebenheiten. Das ist ein sehr hilfreicher Gedanke. Aber auch das Umgekehrte, nämlich dass

die Götter- und Geisterwelt sich im kollektiven Unbewussten zeigt, schließt Jung nicht aus.
Es ängstigt und bedrängt jeden Menschen, wenn er das Gefühl hat, vor einer Wand zu stehen. Es befreit und beruhigt umgekehrt jeden, wenn sich etwas vor ihm öffnet.

Das Auge scheint einen Horizont zu verlangen.
Wir sind niemals müde oder unglücklich,
solange wir weit genug sehen können.

Ralph Waldo Emerson

Deswegen beschrieben es diejenigen, die eine Nah-Tod-Erfahrung gemacht haben, als beglückend, Licht zu sehen. Denn Licht ist Synonym für Weite und auch für Leben. Das Licht steht am Anfang der Schöpfung, und fast jeder Mensch kann sich etwas Göttliches am Besten als eine Lichterscheinung vorstellen. Schon das Vokabular der großen Mystiker beweist das, die wie Bonaventura von der »scintilla animae« reden, von dem Seelenfunken, der ein Abglanz des Göttlichen ist.
Doch aus mystischer Sicht ist die Seele, diese Sternschnuppe des Himmlischen, nicht nur ein Geschenk, sie ist auch ein Auftrag und eine Chance, ein Versprechen sogar: Sie ist als Abglanz des Guten eine Art Lebensgewissen, die jeden Menschen zum Guten streben lassen sollte oder könnte. Und sie ist auch der Funke, an dem sich ein neues Leben entzündet: »Stirb und werde!«, heißt der mystische Kernsatz. Wir reden nicht zufällig vom Hoffnungsfunken.
Licht und Weite können offenbar diejenigen erleben,

die zur richtigen Autosuggestion im Stande sind. Beides entsteht, indem wir uns mit dem Tod vertraut machen, indem wir dieses angeblich finstere und unergründliche Reich ausleuchten. Das hört sich nur allegorisch an, ist aber durchaus pragmatisch zu verstehen. Licht machen heißt: sich Licht denken.

Der Tod der Geliebten

Er wusste nur vom Tod, was alle wissen,
dass er uns nimmt und in das Stumme stößt.
Als aber sie, nicht von ihm fortgerissen,
nein, leis aus seinen Augen ausgelöst,

Hinüberglitt zu unbekannten Schatten,
und als er fühlte, dass sie drüben nun
wie einen Mond ihr Mädchenlächeln hatten
und ihre Weise wohlzutun:

da wurden ihm die Toten so bekannt,
als wäre er durch sie mit einem jeden
ganz nah verwandt; er ließ die andern reden
und glaubte nicht und nannte jenes Land
das gutgelegene, das immersüße –.
Und tastete es ab für ihre Füße.

Rainer Maria Rilke

Bibliographie (Auswahl)

Altenberg, Peter: Im Volksgarten. In: Schweiger, Werner J. (Hrsg.), Das große Peter Altenberg Buch, Zsolnay Verlag, Wien und Hamburg 1977

Benson, Herbert: Heilung durch Glauben. Die Beweise. Selbstheilung in der neuen Medizin. Heyne Verlag, München 1996

Bischof, Marco: Biophotonen. Das Licht in unseren Zellen. Zweitausendeins Verlag, Frankfurt am Main 1995

Burr, Harold Saxton: Blueprint for Immortality. The Electric Patterns of Life. Neville Spearman, London 1972, Reprint 1977

Cramer, Friedrich: Chaos und Ordnung. Die komplexe Struktur des Lebendigen. Insel Taschenbuch-Verlag, Frankfurt am Main 1993

Cramer, Friedrich: Symphonie des Lebendigen. Versuch einer allgemeinen Resonanztheorie. Insel Taschenbuch-Verlag, Frankfurt am Main 1998

Cranston, Sylvia und Carey Williams: Wiedergeburt. Ein neuer Horizont in Wissenschaft, Religion und Gesellschaft. F. Hirthammer Verlag, München 1989

Dürckheim. Karlfried Graf: Zen und wir. Fischer Taschenbuch-Verlag, Frankfurt am Main 1974

Eliade, Mircea: Kosmos und Geschichte. Der Mythos der ewigen Wiederkehr. Insel Verlag, Frankfurt am Main 1984

Eliade, Mircea und Ioan P. Couliano: Handbuch der Weltreligionen. Artemis & Winkler Verlag, Düsseldorf und Zürich, 2. Aufl. 1997

Frankl, Viktor E.: Ärztliche Seelsorge. Grundlagen der Logotherapie und Existenzanalyse. Kindler Verlag München, 8. Auflage 1978

Freud, Sigmund: Fragen der Gesellschaft. Ursprünge der Religion. Freud Studienausgabe 1969-1975, Band 9. Fischer Verlag, Frankfurt am Main 1980, Reprint 1989

Fromm, Erich, Daisetz Teitaro Suzuki und Richard de Martino: Zen-Buddhismus und Psychoanalyse. Suhrkamp Taschenbuch-Verlag, Frankfurt am Main 1972

Guardini, Romano: Der Tod des Sokrates. Eine Interpretation der Platonischen Schriften Euthyphron, Apologie, Kriton und Phaidon. Rowohlt Verlag, Reinbek bei Hamburg 6. Aufl. 1962

Hoover, Thomas: Die Kultur des Zen. Eugen Diederichs Verlag, 5. Aufl. München 1991

Jahn, Robert G. und Brenda J. Dunne: An den Rändern des Realen. Über die Rolle des Bewusstseins in der Physikalischen Welt. Zweitausendeins Verlag, Frankfurt am Main 1999

Jaspers, Karl: Chiffren der Transzendenz. Piper Verlag, München, 2. Aufl. 1972

Jung, Carl Gustav: Aion. Untersuchungen zur Symbolgeschichte. Rascher Verlag, Zürich 1951

Jung, Carl Gustav: Menschenbild und Gottesbild, Grundwerk C. G. Jung in neun Bänden, Bd. 4, Walter-Verlag, Olten und Freiburg im Breisgau, 3. Aufl. 1989

Jung, Carl Gustav und Wolfgang Pauli: Naturerklärung und Psyche. Rascher Verlag, Zürich 1952

Jung, Carl Gustav: Synchronizität, Akausalität und Okkultismus. dtv, München, 6. Aufl. 2001

Jung, Carl Gustav: Geleitwort und psychologischer Kommentar zum Bardo Thödol in: Das Tibetanische Totenbuch, hrsg. von W. Y. Evans-Wentz. Walter-Verlag, Olten und Freiburg im Breisgau, 9. Aufl. 1986

Kellerer, Christian: Objet trouvé - Surrealismus - Zen. Zur Psychologie der modernen Kunst. Rowohlt Verlag, Reinbek bei Hamburg 1968

Mynarek, Hubertus: Jesus und die Frauen. Das Liebesleben des Nazareners. Eichborn Verlag, Frankfurt am Main 1995

Pirsig, Robert M: Zen und die Kunst, ein Motorrad zu warten. S. Fischer Verlag, Frankfurt am Main 1976

Platon: Phaidon. Politeia. In der Übersetzung von Friedrich Schleiermacher. Platon, Sämtliche Werke, Bd. 3, Rowohlt Verlag, Reinbek bei Hamburg 1985

Platon: Die großen Dialoge. Phaidon. Das Gastmahl. Phaidros. Aus dem Griechischen von Arthur Hübscher. Piper Verlag, München 2002

Schubart, Walter: Religion und Eros. Verlag C. H. Beck, München 1966

Sheldrake, Rupert: Das Gedächtnis der Natur. Das Geheimnis

der Entstehung der Formen in der Natur. Scherz Verlag Bern, München und Wien, 2. Aufl. 1992

Sheldrake, Rupert: Die Wiedergeburt der Natur. Scherz Verlag, Bern, München und Wien 1992

Sloterdijk, Peter und Thomas H. Macho (Hrsg): Weltrevolution der Seele. Ein Lese- und Arbeitsbuch der Gnosis von der Spätantike bis zur Gegenwart, 2 Bände, Artemis & Winkler Verlag, Düsseldorf und Zürich 1991

Stein, Herbert: Freuds letzte Lehre oder Eros und die Linien des Affen Aziut. Mit Tierbeobachtungen von Yvonne Artaud. Verlag Das Wunderhorn, Heidelberg 1993

Steiner, Rudolf: Reinkarnation und Karma. Gesammelte Aufsätze 1903-1923.Verlag Freies Geistesleben, Stuttgart 1961

Stevenson, Ian: Reinkarnation. Der Mensch im Wandel von Tod und Wiedergeburt. 20 überzeugende und wissenschaftlich bewiesene Fälle. Aurum Verlag, Freiburg im Breisgau 1976

Stevenson, Ian: Where Reincarnation and Biology Intersect. Praeger, Westport, Connecticut and London 1997

Der Sinn des Lebens
Herausgegeben von
Christoph Fehige, Georg Meggle und Ulla Wessels

ISBN 3-423-30744-7

»Eine farbenträchtige Wundertüte.«
Neue Zürcher Zeitung

Dieses gewichtige Buch zu einer gewichtigen Frage hat einen Kern und eine Schale. Im Kern beschäftigen sich einige der seriösesten Philosophen unserer Zeit ausdrücklich mit den Fragen, die sich um den Sinn des Lebens drehen. Ihr Nachdenken wird recht umfassend, zum Teil erstmals in deutscher Übersetzung, repräsentiert. Die Schale ist bunt: Bilder, Gedichte, Geschichten über das Leben, das Universum und alles. Ein Lesebuch zum Studieren, Stöbern, Schmunzeln, Nach- Mit- und Weiterdenken.

»Der Einladung zur Lektüre kann man gar nicht widerstehen. Denn wo immer man dieses leichte Buch voll tiefen Ernstes aufschlägt, springt einen Bedenkenswertes an.«
Kölner Stadtanzeiger

»Der vorliegende Band gehört in jeden Haushalt.«
Die Zeit